JULES JANIN

PAR

ALEXANDRE PIEDAGNEL

TROISIÈME ÉDITION

AVEC UNE BIBLIOGRAPHIE

UN PORTRAIT A L'EAU-FORTE, PAR BOILVIN

Et un fac-simile d'autographe

PARIS

LIBRAIRIE FISCHBACHER

Société anonyme

33, RUE DE SEINE, 33

—

M DCCC LXXXIV

Tous droits réservés.

JULES JANIN

DU MÊME AUTEUR :

LES AMBULANCES DE PARIS PENDANT LE SIÉGE, 2ᵉ édition. 1 vol. in-12 elzévir, papier vélin. — Paris, Librairie générale, 1871.

J.-F. MILLET, *Souvenirs de Barbizon,* 1 vol. grand in-8, sur papier de Hollande, avec un portrait et neuf eaux-fortes, par Charles Beauverie, Maxime Lalanne, Ad. Lalauze, R. Piguet, Félicien Rops, Ed. Saint-Raymond, Alfred Taïée, et un *fac-simile* d'autographe. — Paris, Cadart, éditeur, 1876.

AVRIL, Poésies, 1 vol. in-16 elzévirien, sur papier de Hollande, avec un frontispice de Giacomelli, gravé à l'eau-forte par Lalauze. — Paris, Isidore Liseux, éditeur, 1877.

UN BOUQUINISTE PARISIEN. — *Le Père Lécureux;* précédé des *Joies du Bibliophile,* et suivi d'une lettre sur les ouvrages incomplets au XVIIIᵉ siècle. 1 vol. in-8, sur papier de Hollande, avec un frontispice, composé et gravé à l'eau-forte par Maxime Lalanne. — Paris, Édouard Rouveyre, éditeur, 1878.

HIER, Poésies, 1 vol. in-8, sur papiers vélin, du Japon, etc.; avec un frontispice et cent dix vignettes de Paul Avril. — Paris, C. Motteroz, éditeur, 1882.

INTRODUCTIONS ET NOTICES, — pour des éditions de luxe de *Paul et Virginie,* de la *Chaumière indienne,* des *Lettres portugaises,* du *Diable amoureux,* des *Lettres de mademoiselle Aïssé,* du *Voyage autour de ma chambre,* des *Contes et Poésies diverses d'Hégésippe Moreau,* etc.

Paris. — Imp. Deurbergue, boulevard de Vaugirard, 113.

JULES JANIN

PAR

ALEXANDRE PIEDAGNEL

TROISIÈME ÉDITION

AVEC UNE BIBLIOGRAPHIE

UN PORTRAIT A L'EAU-FORTE, PAR BOILVIN

Et un fac simile d'autographe

PARIS

Société anonyme

33, RUE DE SEINE, 33

M D CCC LXXXIV

PRÉFACE

L'EXCELLENT accueil fait à ce livre sincère nous encourage à en publier aujourd'hui une édition nouvelle, augmentée de nombreux documents et détails inédits. Parmi les additions principales se trouvent deux chapitres relatifs à la splendide bibliothèque du maître, et une bibliographie de ses œuvres, si justement admirées par tous les amis fervents de l'inspiration, de la grâce et du rêve.

Ce petit volume, consacré à un illustre écrivain qui nous honorait, depuis vingt ans, de la plus cordiale affection, a été jugé avec une charmante indulgence; tant d'appréciations éloquentes et·si favorables nous ont rendu, à bon droit, fier et heureux.

Nous remercions ici, bien vivement, la Critique et nos lecteurs d'une sympathie dont nous·garderons précieusement le souvenir.

A. PIEDAGNEL.

Passy, 15 septembre 1876.

Les années passent, mais l'esprit de Jules Janin reste vivant et plein de souriante jeunesse. Le glacial Oubli, toujours prêt à détruire, ne pourra éteindre cette flamme brillante! On réimprime avec soin les beaux livres du maître; ils sont de plus en plus goûtés par les vrais amoureux du style élégant et des fictions ingénieuses.

Au moment où, le soir, on va commencer à se réunir autour du clair foyer, pour relire les auteurs préférés, — fidèles amis de la maison paisible, — nous venons rendre un nouvel hommage à la mémoire de l'admirable artiste qui, chaque lundi, durant près d'un demi-siècle, improvisa, avec tant de verve originale, de zèle et d'autorité, un ravissant feuilleton dans le *Journal des Débats.*

Ce charmeur infatigable, qu'on se plaisait à appeler le « prince de la Critique », fut un homme loyal et bon!

A. P.

Neuilly, 2 novembre 1883.

JULES JANIN

Nous causions avec l'auteur de la *Fin d'un Monde* (il y a de cela une quinzaine d'années), assis près de lui, par une belle matinée de juin, sous sa tonnelle verdoyante, en face d'une table rustique chargée de livres et de papiers. Jamais le chalet de Passy ne nous avait semblé plus paisible et plus riant. Le lierre le couvrait à demi de ses opulentes guirlandes. Pas un nuage dans le ciel bleu! Partout des gazons pareils à du velours, des fleurs épanouies, et d'épais ombrages doucement agités par une tiède brise, qui caressait à la fois le marronnier centenaire, la rose odorante et les cheveux bouclés et blanchissants de l'ami d'Horace. L'acacia et le cytise mêlaient leurs grappes nombreuses, incessamment balancées, et la vigilante abeille bourdonnait et butinait alentour.

Ah! nous ne saurions oublier l'attrayante physionomie du maître! Étendu dans un large fauteuil de jonc, vêtu de son ample vareuse de drap rouge, la figure illuminée par son rire clair et ses yeux pétillants, il était bien le souverain légitime de cet enviable royaume, et l'on devinait tout de suite que la grâce parfaite, la véritable poésie, la loyauté et l'intime contentement, seraient toujours les hôtes familiers du logis.

En regardant cet honnête homme, ce charmant et vaillant esprit qui mettait sa plus grande joie, son suprême honneur, à écrire d'une main légère et infatigable des pages que tous les délicats se plaisent à relire, nous songions avec émotion à l'éloquente préface de ses *Contes du Chalet* (ils venaient justement de paraître), et nous nous redisions ces beaux vers, qui racontent si bien, en quelques lignes, toute une vie de travail, semée de bonnes actions, de pures espérances et de petits bonheurs :

> *Ami des braves gens et content de moi-même :*
> *Un jardin sans épine, un logis sans remords,*
> *Un cortége affligé quand j'irai chez les morts...*
> *La Muse en donne moins au poëte qu'elle aime.*
> *En si petit espace, ô ciel! tant de bienfaits!*
> *Un si cher compagnon, tant de grâce et de paix!*
> *Ces rayons, cette fleur, ce rêve, cette branche,*
> *Ce balcon si joyeux, ce toit qui rit et penche,*
> *Ce grand œil bleu sur moi doucement arrêté!*
> *Tout ce beau quart d'arpent, pour mon unique usage...*
>   *A ces bonheurs, dans leur bonté,*
> *Si les dieux ajoutaient un peu de liberté,*
>   *Je n'en voudrais pas davantage!*

Tout en parlant, Jules Janin annotait au crayon des volumes et des manuscrits, car il se reposait rarement; et comme l'entretien roulait sur la magie du souvenir, nous lui dîmes soudain :

« Vous devriez dicter vos mémoires.

— Y pensez-vous? » Et il se prit à rire joyeusement. « Mes mémoires, grand Dieu! Je suis, mon cher ami, comme les peuples heureux : je n'ai point d'histoire. Lorsque je ne serai plus, si un homme de loisir et de bonne volonté juge à propos de narrer la vie de l'humble J. J., sa tâche, à coup sûr, ne lui demandera pas des années! On pourrait se borner à écrire ceci : « Il rédigea fidèlement, « pendant... supposons un demi-siècle!... le « feuilleton des *Débats,* et il composa des « *Contes* à la louange de la jeunesse aux dents « blanches et des esprits en belle humeur. La « goutte le tourmenta souvent; mais, pour « triompher de cette ennemie intime, il avait à « ses côtés, Dieu merci! une compagne intelli- « gente et dévouée, et ses chers livres à portée « de la main. »

Et il ajouta, après un court silence : « Quand on a toujours sincèrement honoré les lettres et que l'on possède des amis qui s'appellent Bossuet, Corneille, Molière, Diderot, Horace et Virgile, on est vraiment riche et digne d'envie, car le morne ennui vous demeure inconnu ! »

Puis, prenant parmi les livres ouverts çà et là un mince cahier in-18 : « Tenez, nous dit-il, voici un fragment de ma jeunesse, et l'un des meilleurs, à coup sûr : c'est la préface de mes *Contes nouveaux*, si vieux aujourd'hui que personne, hélas ! ne les connaît plus. Lorsque j'écrivais ces pages printanières, le diable habitait le fond de ma bourse, tout le long de la semaine et même le dimanche, mais mon cœur débordait d'illusions. Oh ! le beau temps des folles chimères, vêtues d'or et de soie ! C'était en 1832... Ah ! que c'est loin ! Emportez cela, mon ami ; vous le lirez à vos moments perdus. » Alors il nous tendit la brochure jaunie, zébrée de notes griffonnées en tous sens. Et, voyant que nous cherchions à déchiffrer quelques-uns de ces hiéroglyphes, dignes des patients efforts d'un Champollion :

« Oui, fit-il, souriant, j'ai voulu récemment corriger ce fatras. Grâce au Ciel ! je me suis vite aperçu de mon erreur. Cette préface exubérante est remplie d'inexpérience, j'en con-

viens volontiers ; mais en revanche, ô mon lecteur ! ne garde-t-elle point, je vous prie, ce je
ne sais quoi, ce duvet juvénile, cette ineffable
senteur d'avril qui pénètre, qui réchauffe, et
que rien ne remplace? Allons, allons, croyez-
moi, il ne faut pas toucher à ces choses-là. »

II

Nous la relisions, hier encore, cette préface émue et radieuse, dans laquelle l'illustre auteur du *Livre,* — ce vif esprit toujours prêt, — raconte son arrivée à Paris, sa pauvreté, ses espérances, ses veilles fécondes, les mille obstacles qu'il a fallu vaincre, le rêve enivrant, les petits bonheurs — si grands ! — de la vingtième année, les robustes illusions et le travail léger, l'heureuse insouciance qui console et l'énergie qui triomphe !... Nous étions de nouveau sous le charme de cette lecture, et, dans notre pensée attendrie, ressuscitant soudain tout le passé de cet admirable écrivain, constamment sur la brèche, et qui a tenu une place exceptionnelle dans le monde littéraire, nous voyions se dérouler devant nous cette existence si bien remplie : tant d'œuvres étincelantes, tant de probité, de dévouement, et tant d'honneurs mérités!

En effet, que d'indicibles joies trouvées, durant plus de cinquante ans, dans l'accomplissement de la tâche de chaque jour, et quel noble exemple qu'une telle vie !

Jules Janin, né le 16 février 1804[1], à Saint-Étienne, y commença ses études, et les termina au collége Louis-le-Grand.

Voici, sur ses premiers souvenirs d'écolier, une bien jolie page, absolument inédite :

J'avais huit ans, lorsqu'un jour le vieux collége de Saint-Étienne s'ouvrit à M. le recteur de l'Académie de

---

1. *26 pluviôse an XII,* selon l'acte de l'état civil, et non le 11 décembre 1804, à Condrieu, comme on l'a dit jusqu'à présent. Il reçut les prénoms de *Gabriel-Jules.* Son père était avoué près le tribunal de première instance de Saint-Étienne.

Lyon. C'était un homme taillé sur le patron de quelque
dieu de la Fable. Il fallait un instant pour s'habituer à
ce fier visage, à ce beau geste, à ce regard plein de feu.
— Ce qu'il venait faire en ce lieu paisible? Il venait
distribuer les bienfaits ou les bourses de notre antique
cité; mais, comme on avait été trop tard averti, il
s'était rencontré peu d'ambitieux de cette récompense.
Alors, M. de Régel (c'était le nom du recteur) : — « Mes
enfants, dit-il, qu'avez-vous appris? Que savez-vous? »
Et comme nous demeurions interdits à son aspect, interdits et muets : — « Qui de vous, reprit-il, peut réciter
sans se tromper, le *Credo*, en latin et en français? » —
Moi qui, dans ce temps-là, ne doutais de rien (j'ai bien
changé depuis !), je m'avance soudain, et, faisant le signe
de la croix, je récite à ce brave homme, et dans les
deux langues, cette page immortelle où toute sagesse
est contenue. On m'écoutait avec admiration : c'était
pourtant ma mère qui m'avait appris le *Credo* chaque
dimanche ! Et quand j'eus fini : — « Mon ami, s'écria
le recteur, je suis content, et je rendrai de vous bon
témoignage ! » En même temps, il posait sa belle
main sur ma tête bouclée, en guise d'adoption. Voilà
mon histoire, et mon premier pas au Parnasse. Et
j'oublierais les bontés de l'Université ! Et je cesserais de
te bénir, ô mère bienfaisante, qui m'entourais d'une si
vive affection, qui m'as nourri de ton lait ! Toi à qui je
dois les premières louanges que j'aie reçues et mes premières amitiés !...

Quand il parlait de son cher collége de

Saint-Étienne, l'ermite de Passy devenait tout joyeux. — « Ma pensée y revient, disait-il, aussitôt que je veux faire un beau rêve ! »

Alors je revois le petit cloître et le grand jardin, et la salle d'études et les vieux arbres, si remplis de murmures et d'ombre... Tout d'un coup, par une grande porte qui s'ouvrait sur les jardins, nous entrions dans une cour très-vaste. Au bout de la cour, par un sentier bordé de tilleuls, on pénétrait dans l'enceinte élégante, pleine de fruits et de fleurs... Bref, c'était un lieu rare et charmant, où les Bénédictins avaient laissé leur empreinte. Il y avait d'autre part une classe ouverte, où chaque élève usurpait le nom d'un grand artiste d'autrefois. Même il me souvient que je m'appelais Scamozzi, et qu'au bout de vingt ans, passant par la ville de Gênes, la ville des palais, je trouvai que mon Scamozzi était l'architecte qui avait bâti la belle maison voisine du palais de Razzo. C'était superbe ! Alors je fus très-fier de m'être appelé Scamozzi, bien que ce nom me rappelât toutes sortes d'amendes auxquelles nous étions condamnés par notre maître de dessin[1].

Lorsqu'il dut s'éloigner de sa famille et de ses amis d'enfance, combien son cœur se serra !

---

1. Ces lignes sont extraites d'une longue et aimable lettre que l'éminent critique, déjà trop souffrant pour écrire lui-même, nous dicta, le 20 septembre 1872, à l'adresse d'un savant universitaire, M. G. Condé, alors proviseur du lycée de Saint-Étienne.

Il n'a jamais oublié cette tristesse des premiers adieux :

La chambre de ma mère donnait justement sur le grand fleuve. Ce jour-là, le Rhône était bien grondeur. On l'entendait mugir, on le voyait, à travers les rideaux, scintiller comme une flamme ; il battait le pied de la maison, frappant déjà à la porte et demandant à haute voix à y entrer. Moi, sur le point de partir, je me précipitai dans les bras de ma mère, qui était déjà malade de la maladie dont elle est morte, pauvre mère! Elle me tendit les bras avec des larmes et des sanglots. Ma mère était belle; et partout à Condrieu, où elle était née, quand Condrieu était une ville animée et joyeuse, livrée aux doubles fêtes de la navigation et de la vendange, on citait ma mère pour la fraîcheur de ses joues, la blancheur de ses mains et la beauté de ses bras. Je ne l'avais jamais vue pleurer que ce jour-là : car c'était une femme heureuse naturellement et d'un caractère élevé et fort, qui ne s'étonnait guère des petits malheurs qui s'élèvent dans tous les ménages... J'étais donc assis sur son lit sans mot dire. Elle ne me dit rien non plus, me prenant la main et m'embrassant, essuyant ses larmes pour pleurer encore... A présent que je me souviens de cette douleur muette, il me semble que je n'ai jamais eu tant de douleur.

Ma mère n'était pas la seule mère qu'il me fallut quitter en quittant ma petite ville ; j'en avais une autre, qui m'était bien chère aussi : c'était ma grand'tante. Voilà une femme ! Elle m'avait adopté tout enfant, un

jóur qu'en revenant de l'île de Corse, comme nous
revenons de Saint-Cloud, elle m'avait rencontré dans le
jardin et que j'avais couru au-devant d'elle, la tirant à
moi comme si je m'étais douté de tout le bien qu'elle
me ferait...

Le cruel moment de la séparation arriva
pourtant[1]. — Les trois années passées au
n° 167 de la rue Saint-Jacques auraient été, en
somme, assez monotones, si notre écolier (il
allait avoir quinze ans quand il entra dans le

---

1. Avant de venir à Paris, Jules Janin était resté un certain
temps au collége de Lyon, où il avait eu pour camarades de
prédilection Armand Trousseau et Edgar Quinet.

On nous saura gré, sans doute, de placer ici cet aimable portrait
de J. J. adolescent, crayonné jadis par l'auteur d'*Ahasverus* :

« ... Il était plus jeune que nous de deux ou trois ans.
Ah! le bon compagnon! La jolie tête enfantine, espiègle, épa-
nouie! Les beaux cheveux noirs bouclés! Et quels francs rires de
lutin dans nos corridors sombres! Les murs doivent s'en souvenir.

« Quelle joyeuse, gracieuse ignorance de soi-même! Il jouait
alors aux billes; il jouait surtout de la harpe, et bien mieux que
le roi David. Aussi faisions-nous de saints concerts dans l'église,
à l'élévation et au salut, Janin jouant de l'instrument du prophète,
moi du violon, son maître, M. Bédard, de la basse, un autre de
l'alto. Notre maître de philosophie chantait des *Alleluia* d'une
voix claire et vibrante. Ces concerts de séraphins nous donnaient,
le jour où ils avaient lieu, de grands priviléges, tels que celui de
manger à une table d'honneur, en compagnie de messieurs les
chantres. »

vieux collége royal) ne s'était lié bientôt avec quelques condisciples d'élite : Cuvillier-Fleury, Lerminier, Boitard, Sainte-Beuve, et deux ou trois autres encore dont la chaude amitié, depuis, ne lui fit jamais défaut.

A peine sorti de Louis-le-Grand, et ardemment désireux de se créer une petite place au soleil parisien, il se sentit tout à coup bien seul et profondément découragé. Cette ville éternelle est si vaste, et l'égoïsme y règne d'une façon si terrible ! Un tourbillon, ce Paris, une fournaise, et en même temps, hélas ! un immense désert. O le triste miracle : on y étouffe et on y gèle !

Il restait donc rêveur, sur le seuil du collége aux murs sombres et couverts de mousse, regardant, accablé, et en quelque sorte frissonnant, « ces joyeux enfants devenus des hommes s'en aller à cheval, en voiture, à pied, dans des maisons toutes préparées pour les recevoir » ; il songeait, avec une inquiétude toujours croissante, à l'avenir si incertain, lorsque, tout au bas de la rue étroite, ô bonheur inespéré ! sa

seconde mère apparut. Mais laissons-le lui-
même nous dire éloquemment sa joie infinie :

Je vis, accourant à aussi grands pas que le permet-
tait sa vieillesse, je vis arriver ma vieille bonne tante,
mon soutien, mon amie, mon espoir, frêle bâton de ma
jeunesse, ma tante, ma Providence ! Pauvre femme !
Elle avait alors quatre-vingts ans passés ; mais c'était
une femme du vieux temps, qui avait été toute sa vie
belle et forte, et d'un grand cœur... Elle venait ce jour-
là (du fond du Forez), fidèle à notre mandat tacite de
ne nous jamais quitter, elle venait à Paris me reprendre
pour y vivre avec moi, inconnu et pauvre, pauvre et
inconnue comme moi !

Quelle femme ! A l'âge où l'on s'arrange pour mourir,
à l'âge du repos et des longs rêves, elle avait tout quitté
pour venir à moi dans la foule. Elle avait quitté sa
maison bien arrangée, son feu toujours allumé, son
petit jardin, ses vieux amis, son influence dans sa petite
ville, elle avait tout quitté. Elle venait à moi ce jour-
là, arrivée qu'elle était de la veille, après un voyage de
cent lieues. Je la reconnus tout d'abord là-bas au
milieu des voitures, longeant le mur, s'appuyant sur sa
canne, vive encore, ne me cherchant pas même du
regard, tant son cœur lui disait que j'étais là !... Alors,
alors je me sentis vivre : j'avais une protection, j'avais
de quoi être aimé, j'avais de quoi aimer.

Quels embrassements de cœur à cœur et
quelles douces larmes !

Ils se mirent aussitôt en devoir de chercher un abri :

Hélas! à chaque nouvelle maison dont nous visitions ainsi les combles, ma tante et moi nous n'osions pas nous consulter, même des yeux. Quoi donc! habiter là, elle si vieille, moi si jeune? Quoi donc! vivre dans cet air, dans ce bruit, dans cette ombre, dans ce voisinage, au milieu de ce vice, de cette misère, et sous la loi de ce portier, elle si vieille et moi si jeune?... Et pendant trois jours, rentrés le soir dans notre auberge, nous récapitulions tous les appartements que nous avions vus dans la journée, et toujours avec cette monotone conclusion : « C'est trop laid, c'est trop haut » ; ou cette autre non moins triste conclusion : « C'est trop cher! »

Néanmoins, les voilà enfin installés, cet allègre hiver et ce gai printemps, tout au haut d'une maison de la rue du Dragon, dans un nid « triste, mais décent; élevé, mais au quatrième; d'une entrée obscure, mais très-clair; loué par un huissier, mais à un prix raisonnable ». Quatre ans s'écoulèrent dans ce paisible et modeste logis. Pour vivre, le futur académicien donna d'abord, sans relâche, des leçons à deux francs le cachet, luttant bravement contre la misère, et confiant d'ailleurs en son étoile. N'avait il pas pour auxiliaire la jeunesse, cette fée enivrante qu'il a toute sa vie si poétiquement célébrée ? Écoutez comme il en parle :

O la jeunesse ! la jeunesse ! Dans le livre, dans le drame, dans le rêve, dans le monde, elle peut remplacer merveilleusement toutes choses. La jeunesse, c'est l'espérance en sa fleur, ce sont toutes les émotions du cœur de l'homme, j'entends toutes les nobles et douces émotions réunies, entassées, florissantes et chantantes passions d'un jeune cœur. La jeunesse, c'est la misère folâtre, c'est le frais sommeil, c'est la santé qui vit de peu ; c'est l'amour au hasard qui bondit comme un jeune lion, ce sont les jolies filles en robes fanées, aux dents blanches, aux mains rouges, au sein qui bat. La jeunesse, c'est la poésie, éparse çà et là, qui vous accompagne comme un parfum invisible ; elle se joue à votre chevet, elle s'assied à votre table, elle rit dans votre verre à demi-plein ; c'est elle qui ouvre la porte aux créanciers avec son air madré et boudeur, et qui les paye avec un sourire. Dites-moi donc, quand vous faites un livre, si votre héros est un jeune homme ! En ce cas, vous êtes sauvé, mon frère, en ce cas vous allez faire un chef-d'œuvre [1].

Nous trompons-nous ? Ces lignes ne sont-elles point vivantes et ravissantes ? Comme il a

---

1. *Le Chemin de traverse.*

su voir, n'est-il pas vrai, tout ce beau cortége
de la jeunesse à travers un prisme enchanteur?
Eh bien, cette saine et intarissable gaieté, cette
séve d'avril, lui furent d'un puissant secours
évidemment; mais gardons-nous d'oublier que
la vieille tante, témoin de son labeur, compagne de sa pauvreté, humble, tendre et ingénieuse consolatrice des heures mauvaises, mérita sans cesse l'ardente reconnaissance du
courageux écrivain [1].

Lui, du reste, ne l'oublia pas un seul instant,
et, à l'aide du premier argent gagné avec sa
plume au *Journal des Débats,* savez-vous ce
qu'il fit? S'étant adressé à un artiste de grand
talent, à Eugène Devéria lui-même, qui comprit bien vite sa généreuse pensée, il le pria de
reproduire la douce physionomie de sa Providence en cheveux blancs. Ce portrait de la
bonne vieille, de l'amie de l'enfance turbu-
lente et de la première jeunesse pauvre et stu-
dieuse, que de fois nous l'avons vu dans le
chalet de Passy! Que de fois nous avons con-

---

1. Cette digne femme s'appelait Mme Faverge; elle était petite-
fille d'Elisabeth de Bassompierre, de la famille du maréchal.

templé avec recueillement cette figure colorée
et ridée, si franche et si sympathique, enca-
drée dans un bonnet de blanche mousseline à
larges tuyaux!... Jusqu'à la dernière heure il
l'a eue sous les yeux. Elle était placée tout
près de son lit; et, au bas de cette chère image,
d'une main tremblante d'émotion, il écrivit (le
3 juin 1865) ces vers improvisés par son cœur :

Voici donc le portrait de ma seconde mère,
Ma tante, ange gardien qui mourut centenaire.
O toi, qui dans cent ans trouveras quelque jour,
Sur les quais, sur les ponts, au coin du carrefour,
Livrée à tous les vents de bise et d'agonie,
Cette image à bon droit honorée et bénie,
Accepte, ami Passant, par grâce et par raison,
Ce cadre, qui sera l'honneur de ta maison.
Ainsi, dans ton respect et ta reconnaissance,
D'un honnête écrivain j'aurai la récompense.

III

Mais, quel qu'en soit le charme, ne nous attardons pas davantage à ces souvenirs du printemps. L'espace nous est mesuré, et il nous reste à dire tant de choses encore !

Les débuts littéraires de Jules Janin eurent lieu dans le *Courrier des Théâtres :* il y rendait compte des leçons de M. Villemain. Son entrée au premier *Figaro* ne tarde guère (1827), et le voilà riche et content — avec cinquante francs par mois ! Un peu plus tard, il devient l'un des rédacteurs de la *Quotidienne,* puis il

passe au *Messager des Chambres*. En novembre 1829, il entre au *Journal des Débats*,
où il fait d'abord de la politique! Un an après,
il y succède à Duvicquet, comme critique théâ-
tral, et, à dater de cette heure fortunée, que de
batailles livrées joyeusement, d'une plume
alerte et vaillante, et que de victoires à enre-
gistrer! Chaque semaine, un triomphe nouveau. Il étonne, il attire, il règne, il juge, il
enchante, et ses feuilletons du *lundi* sont atten-
dus avec impatience et savourés par les gour-
mets. Pendant quarante ans, sans un seul jour
de lassitude, ces pages exquises, si vives, si
brillantes, si originales et si variées, ont été
la fête des lecteurs des *Débats*, et en même
temps l'honneur de ce journal célèbre.

Un pareil succès suffirait à contenter les plus
ambitieux de renommée. Eh bien, ce n'est pas
tout! Que de romans pleins de verve et d'élégance (quoique un peu inférieurs, en général,
à ses feuilletons), que d'études finement écrites,
que de trésors semés d'une main prodigue par
ce charmeur inimitable : l'*Ane mort, Barnave*,
la *Confession*, le *Chemin de traverse*, la *Reli-*

gieuse de Toulouse, les *Gaietés champêtres*, la *Normandie*, la *Bretagne*, la *Fin d'un Monde*, l'*Amour des Livres*, l'*Interné*, les *Oiseaux bleus*, les *Petits Romans d'hier et d'aujour-d'hui*, le *Talisman*, les *Contes fantastiques*, *Rachel et la Tragédie*, *Debureau*, *Circé*, les *Contes du Chalet*, les *Contes non estampillés*, le *Livre*, les *Amours du chevalier de Fosseuse*, les *Petits Bonheurs*, la *Poésie et l'Éloquence à Rome au temps des Césars*, *Paris et Versailles il y a cent ans*, la *Semaine des trois Jeudis*, et la *Dame à l'Œillet rouge*[1] ! Est-ce tout, cette fois? Non, pas encore. Il fait à l'Athénée (en 1834) un cours sur l'*Histoire du journal en France;* puis il part pour l'Italie, et raconte allégrement son voyage; il rajeunit *Clarisse Harlowe*, et se repose de ce travail en habillant Sterne à la française et en allongeant les aventures de *Manon Lescaut*. Son *Histoire de la Littérature dramatique*, en six volumes (choix de ses feuilletons du lundi), lui vaut un

---

1. Voir, à la fin du volume, une liste détaillée des œuvres de Jules Janin.

ravissant article de M. de Sacy, et cinquante
autres non moins élogieux. Sa plume, toujours
légère et féconde, écrit d'attrayantes et innom-
brables préfaces[1]. Il fonde la *Revue de Paris*
et le *Journal des Enfants;* il collabore, en
outre, aux *Cent-et un,* au *Dictionnaire de la
Conversation,* à l'*Artiste,* au *Diable à Paris,*
à l'*Album de la Mode,* aux *Français peints
par eux-mêmes,* et à l'*Encyclopédie des gens
du monde;* on le rencontre à l'*Indépendance
belge,* sous le pseudonyme d'Éraste, et on le
trouve à la même heure à la *Revue contemporaine,* à la *Revue nouvelle,* à l'*Illustration,*
à l'*Universel* et au *Musée des Familles.* Il
donne çà et là des fantaisies, des esquisses,
des contes, des articles bibliographiques, des

---

1. Pour le *Théâtre de Corneille,* les œuvres de *Molière* et
celles de *Boileau,* les *Chefs-d'œuvre dramatiques du* xviiie *siècle,*
le *Gil Blas,* illustré par Gavarni, les *Mille et une Nuits, Roland
furieux, Manon Lescaut,* les *Aventures de Télémaque,* le *Voyage
sentimental,* les *Voyages de Gulliver,* l'*Été à Bade, Paul et Virginie,* la *Dame aux Camélias,* l'*Iliade* (traduction Lagrandville),
le *Théâtre d'Alexis de Comberousse,* les *Classiques de la table,*
les *Lettres de Mademoiselle de Lespinasse,* les œuvres de *Martial,*
d'*Ovide,* etc. Sa dernière introduction, très-remarquable, fut celle
que M. de Villemessant lui demanda pour l'*Autographe* (Événements de 1870-71).

nouvelles ; il publie des portraits littéraires
(*Lamartine, François Ponsard, Alexandre
Dumas, Béranger et son Temps*[1]), ne se lassant
jamais de produire, et bien certain que les
délicats le suivront partout et toujours !

Hélas ! il faut, bon gré, mal gré, renoncer
au plaisir d'analyser ces ouvrages si nombreux,
dont une notable partie vivra, car l'esprit y
pétille et la grâce y rayonne ! Mais à quoi bon,
d'ailleurs ? Vous les avez lues, ces pages charmantes et prime-sautières, et vous les relirez, on
peut aisément le prédire. Cependant nous
devons nous arrêter au moins quelques minutes devant un chef-d'œuvre incontestable,
devant ce tableau si mouvementé, si réussi, qui
a pour titre : *La Fin d'un Monde et du Neveu
de Rameau !*

Ce beau livre prouve, en effet, avec quel zèle

---

1. Nous avons lu récemment ces quatre vers écrits par Jules Janin,
sur la première page d'un exemplaire de son *Béranger*, offert
à **M.** Georges d'Heylli :

> *Ami, je vous envoie un doux portrait de maître*
> *En liberté, courage, esprit, sagesse, amours ;*
> *Il est facile à reconnaître :*
> *La beauté du vieillard, son rire des beaux jours !*

passionné Jules Janin a ressuscité l'époque, vraiment curieuse, justement appelée la fin d'un monde. Les chapitres, pleins de vie, nous montrent tour à tour les physionomies, les grâces, les originalités, les coutumes, les faiblesses, les erreurs, de ce siècle bizarre, sceptique, élégant, spirituel et frivole. Que de titres riches en promesses toujours tenues, et combien de détails piquants mis vigoureusement en lumière !

Il y a dans ce tome, sur le XVIIIe siècle, la matière de dix volumes. Et tout cela est vivant, sémillant, finement railleur, poudré, pimpant, énergique, galant, musqué, amoureux, saisissant..., ravissant ! Comme l'illustre écrivain a su comprendre ces singuliers types de philosophes, ces mignons abbés, caillettes à petit collet ; ces irrésistibles comédiennes, ces roués conquérants, ces poëtes enrubannés, ces féroces pamphlétaires, ces adorables duchesses ! Comme il a su peindre et raconter les ballets de l'Opéra, les bruits de l'OEil-de-Bœuf et ceux de la Place Royale, les soupers exquis, le café Procope plein de discussions orageuses et d'épaisse fumée, les fermiers généraux pleins de suffisance, l'étiquette et la fantaisie, les magnifiques processions de Saint-Sulpice, les séances de la Sorbonne et le boudoir de Mlle Duthé, le For-l'Évêque et les racoleurs, l'Almanach royal et les chansons du carrefour, tout ce tumulte, toutes ces malices, toutes ces grandeurs, toutes ces élégances, toutes ces misères, tout ce monde enfin, si complétement disparu !

Tour à tour, avec un esprit infatigable, avec une science profonde, — on jurerait qu'il a vécu de leur temps, — Jules Janin nous parle de Diderot et de Rameau, du *Mercure,* de l'*Encyclopédie,* de Lantara, de Mlle Hus et du censeur royal, de la Guimard, du financier Bourette et du marquis de Nesle, des romances de Moncrif et des romans de Mme de Graffigny, du lieutenant civil et du poëte Gilbert, du prince de Conti, de Jean-Jacques Rousseau, de la Dugazon et de Mme de la Popelinière... Le siècle entier y passe, avec ses folies, ses spirituelles gaietés, ses éclairs de génie et le terrible coup de tonnerre final! L'enchanteur agite sa baguette, et tout s'anime à l'instant : tantôt nous voici éblouis, et tantôt effrayés.

L'historien, mettant ainsi fort ingénieusement en présence le célèbre neveu du musicien Rameau et le philosophe Diderot, continue et complète, avec un art infini, la création étonnante de Diderot lui-même. A côté des pages sombres et énergiques, indispensables, il en existe d'ensoleillées et de joyeuses, dans ce livre qui nous retrace l'étrange et charmante époque où tant de grâce et de vif esprit ont été mêlés à tant de scandales et de légèretés coupables, hélas! si cruellement punis!

On voit à merveille, en lisant cette étude puissante et colorée, écrite à l'automne de la vie, que l'esprit du maître est demeuré jeune et pétillant, et que sa verve intarissable n'a rien perdu de son originalité. En vain les années ont marché, en vain ce fervent admirateur des vrais chefs-d'œuvre a blanchi, en vain il s'est courbé, en vain la goutte impitoyable l'a condamné, lui, l'ami des ombreux sentiers, à rester immobile dans son vaste fauteuil, on peut l'affirmer, son heureuse passion pour les lettres a jusqu'au bout conservé toute sa force. En dépit de l'âge et de la maladie, l'auteur de *la Fin d'un Monde,* fidèle à son passé, donne raison à M. Barbey d'Aurevilly, qui a dit excellemment : « Le brillant talent de M. Jules Janin n'a jamais été qu'une jeunesse. Ce talent s'appelle vingt-cinq ans. »

IV

Donc, l'été a fui, puis l'automne ; voici l'hiver ! Croyez-vous que le maître se repose ? Non, certes. Sur sa tête il a neigé, mais le cœur est resté jeune. Pour oublier la souffrance maudite qui l'assiége trop souvent, il travaille toujours, au contraire, et il se console de ne pouvoir marcher dans les allées sinueuses du jardin en traduisant son cher Horace. Encore un triomphe ! Les éditions se succèdent, et l'ermite de Passy se met à traduire Virgile — en vers cette fois. — Il vit, paisible et honoré, indulgent et cordial, au

milieu de ses beaux livres artistement groupés;
et, sans quitter son fauteuil de cuir, — le
fauteuil où mourut Béranger ! — devenu président d'honneur du Caveau (en 1866), il
compose gaiement la chanson d'usage, malgré
la goutte qui le tyrannise, et en buvant à
petits coups un grand verre d'eau rougie :

> *O vous dont les grâces parfaites*
> *Ont allégé mes déplaisirs,*
> *Vrais buveurs, gourmands et poëtes,*
> *Chansonniers des légers loisirs,*
> *Le* Caveau, *c'est le vrai Parnasse !*
> *A vos côtés faites-moi place,*
> *Et m'apprenez à l'unisson*
> *Comment se trousse une chanson !*
>
> *Mais abuser de l'espérance,*
> *Chanter sans voix, triste science !*
> *J'avais promis, en plein été,*
> *Dans un jour de belle santé,*
> *— Ce jour-là, content et superbe,*
> *J'aurais dîné même sur l'herbe, —*
> *D'écrire à votre intention,*
> *Mon couplet de réception :*
>
> *J'aurais chanté Margot la belle,*
> *Et son doux rire, et sa querelle*
> *— Un appel à maint jouvenceau —*
> *Et son jupon rouge ponceau !*

Le fils de Sémélé ne veut pas que je chante
    Une beauté leste et vivante,
    Il dit que ça m'est défendu,
    Que j'en serais tout morfondu;
    Mais il me permettrait sans peine
    De célébrer la vieille Hélène,
Et l'antique Lydie et l'ancienne Chloé,
    Et Néobule et Pholoé :
    Voilà des amours salutaires!
    Et d'autant mieux que ces grand'mères
    Se laissaient aimer bien avant
Que Christophe Colomb eût mis sa barque au vent.

Modère, Jeanneton, le feu de ta prunelle!
Échanson, verse-moi de ton plus petit vin!
Ne comptez pas sur moi pour le roi du festin...
    Amis, déjà voici que je chancelle
    D'avoir bu trop d'eau ce matin!

Vous vouliez une chanson aimable et pimpante, soyez satisfaits; ce n'est pas plus difficile que cela.

Enfin, le 7 avril 1870, Jules Janin est nommé membre de l'Académie française (ô la juste récompense!)[1]; il dicte son discours de récep-

---

1. Son fauteuil avait été occupé onze fois. Voici les noms de ses prédécesseurs : De Serizay, 1634. — Pellisson, 1653. — Fénelon, 1693. — De Boze, 1715. — Le comte de Clermont,

tion[1], et voilà vingt belles pages de plus. Ajoutons que ce discours, prononcé le 9 novembre 1871, fut très-chaleureusement accueilli.

On comprendra sans peine cet éclatant succès, rien qu'en lisant le passage où le nouvel académicien parle des laborieuses années de la jeunesse de Sainte-Beuve, son prédécesseur, et de ses études personnelles :

> Les poëtes de la nouvelle aurore, ennemis du meurtre et des batailles, ont murmuré leurs plus beaux vers à nos oreilles, enchantées de ces divines mélodies ; jeunes gens, nous avons été gouvernés par des intelligences droites, par des puissances bienveillantes.
>
> En même temps, Dieu soit loué ! nous avons eu, quand nous vivions encore sous la clémence auguste de nos belles années, nous indiquant les grands sentiers, les plus véritables instituteurs qui aient laissé leur salutaire empreinte dans les jeunes esprits confiés à leur science, à leur honneur.

1754. — De Belloy, 1771. — Le duc de Duras, 1775. — Garat, 1795. — Le comte Ferrand, 1816. — Casimir Delavigne, 1825. — Sainte-Beuve, 1844.

1. Trois ans auparavant, pour se consoler des retards apportés à sa nomination, il avait écrit un *Discours à la porte de l'Académie*. L'éditeur Jouaust a publié, en un même petit volume, fort élégant, cette ravissante fantaisie humoristique et les excellentes pages acclamées au palais Mazarin.

L'un[1], qui florissait par tous les dons de la parole, un Athénien de Périclès, un rhéteur merveilleux, nous parlait des grands écrivains d'Athènes, de Rome et de Paris. Il allait sans cesse, avec une grâce, une éloquence, une énergie, irrésistibles, de Démosthène à Bossuet, de Sophocle à Corneille, de Virgile à Racine. Il avait tout vu, tout appris, tout compris; il s'enivrait des bruits enchanteurs et des grâces correctes de la langue savante; autour de cette chaire éloquente, il nous tenait émus, intéressés, attentifs, charmés. Qu'il parlât d'une fable de La Fontaine ou des poëmes d'Homère, il avait la vie, il avait la force, et le plus ferme espoir en nos intelligences naissantes.

Ou bien, c'était l'*autre*[2] : un austère, un sévère, un impitoyable historien. Ces mêmes âmes que son confrère subjuguait par son charme, il les forçait d'entrer dans l'histoire. A l'entendre invoquer les vieux âges et les divers phénomènes de ces civilisations dont il retrouvait la trace, à la façon de ces chars dont la roue est encore brûlante sur les dalles silencieuses de Pompéi, on se demandait quel était donc ce réformateur animé des passions les plus vivantes de la justice et de la vérité.

Le troisième[3] indiquait à ces heureux enfants les secrets merveilleux de la philosophie. Il venait en droite ligne du cap Sunium; il assistait au banquet où le divin Socrate enseignait aux convives une âme immortelle.

---

1. **M.** Villemain.
2. **M.** Guizot.
3. **M.** Victor Cousin.

Son discours exhalait les plus doux parfums de l'Attique;
il était l'ami de Périclès, et plus encore d'Aspasie.
Intelligence, esprit, éloquence, il avait tout : le javelot
et le rayon.

Le vent était si doux qui nous venait d'Épire!

On éprouvait si complétement la douceur de vivre!
L'Europe entière était en paix ; la France essayait ses
libertés naissantes; elle revenait (après la révolution de
Juillet) à l'enchantement de l'éloquence et des beaux-
arts. Plus de mères en deuil, plus de fils mutilés, plus
d'enraves à l'honnête et libre parole. De toutes parts
les lettres, naguère encore comprimées et soumises au
joug du censeur, se pressent autour de ces chartes,
pareilles à des boulevards, pour veiller à la défense des
plus belles inventions de ce bas monde. Ainsi, plus on
s'était battu dans tout l'univers, plus le grand Empereur
avait été obéi et tout-puissant, *ne laissant après lui
d'autre héritier que le genre humain* (c'est un mot de
M. de Salvandy), plus la France éprouvait le besoin de
tout apprendre et de tout sauver.

L'heure intelligente et clémente, Messieurs! Je m'en
souviens comme si c'était d'hier. M. Sainte-Beuve et
moi nous étions du même âge et des mêmes écoles.
Ainsi chacun de nous rendrait témoignage, au besoin,
du courage et du labeur de ses camarades. J'en atteste
ici, assis à mes côtés, ces chers témoins de ma vie et de
ma fidélité[1]. Nous vivions jeunes et superbes sous le

---

1. Ses parrains, MM. Cuvillier-Fleury et Saint-Marc-Girardin.

consulat de Plancus. Nous l'avons tous connu, ce doux consulat de la vingtième année, en pleine espérance, en plein orgueil matinal. Pas de doute à ces heures choisies, pas de barrière et pas de murmure ! On va tête levée, on obéit à l'inspiration printanière, on ne sait rien de l'ambition et de ses délires, de la fortune et de ses obstacles. « De temps à autre j'ôtais mon chapeau, s'écrie un héros de Shakespeare, afin de voir s'il n'avait pas pris feu à quelque étoile ! » Tout vivait et se renouvelait dans un cercle enchanté : Virgile avait vingt-cinq ans ; Horace en avait trente à peine ; Ovide était le roi de la jeunesse ; Tibulle était loin de songer au suicide, et Varius ne pensait guère qu'il entrerait aux conseils de César !...

V

Aguère, rue de Richelieu (en septembre 1838), le critique des *Débats*, tout radieux, découvrait une véritable tragédienne. La salle, ce soir-là, était presque déserte. — Quelle bonne fortune pour ce lettré, une étoile à signaler avec enthousiasme ! Amis, applaudissez ! Et l'amour, et la haine, et la majesté, et toutes les violences, et toutes les séductions, le crime terrifiant, l'exquise tendresse et l'émotion poignante : c'est elle ! c'est Phèdre, c'est Athalie, c'est Andromaque, c'est Pauline, c'est Camille, c'est Chimène !... Voyez

ce regard profond, chargé d'éclairs; admirez
ce geste sobre et éloquent, prêtez l'oreille à
cette voix pénétrante. Saluez, saluez la grande
Rachel!

Plus tard, fidèle à sa noble et chère passion,
il met Ponsard en lumière. Il l'encourage, il
le protége, il l'aide de toutes ses forces persé-
vérantes; et, quand le poëte de l'*Honneur et
l'Argent* est frappé par la maladie, il le reçoit
à bras ouverts dans sa maison, et l'entoure,
jusqu'à la minute suprême, de la plus tendre
sollicitude.

M. Camille Doucet, répondant à Jules Janin,
lors de son entrée à l'Institut, rappela ce fait si
honorable, dans un discours tout rempli de
grâce et de spirituelle vivacité :

Un jour, monsieur, — et celui-là fut un jour heureux
pour vous, pour les lettres et pour l'Académie, — un
jeune homme inconnu, timide à la fois et fier, arrivant
de loin, comme vous jadis, et presque de chez vous,
frappait, non sans crainte, un manuscrit à la main, à la
porte de votre maison, à la porte de votre cœur. Dès le
lendemain, monsieur, vous annonciez avec grand fracas
à l'univers, *urbi et orbi,* qu'un petit-fils de Sophocle

venait d'apparaître tout armé en guerre, prêt à la bataille et sûr de la victoire !

Vous aviez engagé pour lui votre parole, *Lucrèce* la dégagea.

Les traits les plus saillants du caractère de Jules Janin ont toujours été, incontestablement, l'ardent amour des lettres, auquel nous avons déjà rendu hommage, et (comme l'a si bien dit M. Louis Ratisbonne) son faible pour les vaincus. On sait quel culte il avait pour la famille d'Orléans. Personne non plus n'a oublié les pages admirables qu'il écrivit, dans son *Histoire de la Littérature dramatique,* à propos de l'exil de Victor Hugo. Et les vers émus et splendides que le grand poëte lui adressa de Guernesey, en guise de remercîment, restent aussi dans toutes les mémoires :

> *Je dormais, en effet, et tu me réveillas.*
> *Je te criai : « Salut ! » et tu me dis : « Hélas ! »*
> *Et cet instant fut doux, et nous nous embrassâmes ;*
> *Nous mêlâmes tes pleurs, mon sourire et nos âmes.*
>
> *. . . . .*
>
> *Et voilà qu'à travers ces brumes et ces eaux,*
> *Tes volumes exquis m'arrivent, blancs oiseaux,*
> *M'apportant le rameau qu'apportent les colombes*
> *Aux arches, et le chant que le cygne offre aux tombes,*

Et jetant à mes rocs tout l'éblouissement
De Paris glorieux et de Paris charmant!
Et je lis, et mon front s'éclaire, et je savoure
Ton style, ta gaîté, ta douceur, ta bravoure.
Merci, toi dont le cœur aima, sentit, comprit!
Merci, devin! merci, frère, poëte, esprit,   ·
Qui viens chanter cet hymne à côté de ma vie[1]*!*

Jules Janin fut toujours fidèle à ses amitiés. Lisez cet adieu à Théodose Burette, et dites s'il est possible de parler avec plus d'émotion d'un camarade d'enfance :

Tu n'es déjà plus de ce monde, toi qui m'as si souvent prêté l'appui de ta force et de ton courage. Mon vieil ami, mon protecteur et mon conseil! si heureux quand tu avais une louange à faire, et si triste quand c'était un blâme! Quand il avait une idée, il me la donnait aussitôt; quand il avait fait une découverte favorable, sa découverte était pour moi. Enfants des mêmes travaux, enfants des mêmes plaisirs, sortis de la même génération et du même collége, nous avons été tout de suite heureux de peu, contents de tout; jamais nous n'avons joué au génie incompris, au désespoir, au byronisme, et la mélancolie elle-même, elle eût ri à nos gais visages. Que de gaietés, lui et moi! quelles fêtes innocentes de la jeunesse et que de printemps en fleurs! Plus tard, et quand déjà pointait l'âge mûr, nous

---

1. Les *Contemplations.*

aimions à nous rendre cette justice que nous avions été fidèles aux amitiés de notre enfance. Oui, nous avons pleuré avec ceux qui pleuraient, nous avons battu des mains aux grands triomphes de ceux qui marchaient en avant, nous avons aimé les puissants et les célèbres, à plus forte raison les inconnus et les malheureux... De tous deux, tu as été le plus sage, car tu as été le plus modeste. Le grand jour t'a fait peur, et tu as pris pour ta règle une belle devise : *Cache ta vie !* Tu as mis sous le boisseau, comme on cacherait une action mauvaise, l'esprit, le talent, la verve, et ces dons précieux qui donnent la renommée à coup sûr ; tu n'as pas voulu de la renommée, et je crois même, Dieu me pardonne ! que tu ne voudrais pas de la gloire. Bien plus, ami, je ne serais pas étonné quand tu te serais effacé pour me faire place, afin que la route me fût plus facile. — Quand tu possédais les plus rares qualités de l'écrivain, tu m'as laissé libre cette carrière où tu devais marcher ; tu étais un maître dans l'art de corriger les œuvres rebelles et les esprits indociles, et c'est moi qui juge les autres !

Et ces lignes, sur une vente après décès, écrites en février 1854, au moment de la mort d'Armand Bertin, directeur du *Journal des Débats,* le digne fils du vénérable Bertin l'aîné, son « ancien patron », ne sont-elles pas remplies d'une touchante éloquence ?

...Non ! je ne reverrai pas ces vastes salons où la causerie

infinie allait çà et là en mille caprices, éclatant de verve,
d'esprit et d'indépendance; je ne veux pas remettre le
pied dans ce cabinet où les livres les plus rares et les
plus charmants se trouvaient entassés par une main
savante. O miracle de la patience, du goût, de l'étude
et de l'amour des bons livres que ce noble esprit pous-
sait aussi loin que l'amour des livres peut aller! C'en
est fait, je ne reverrai plus ce petit salon où il se tenait,
écoutant tout le monde, appelant à lui toutes les intelligences; si calme dans les temps d'orage, si fort quand
il fallait être brave et hardi, si constant dans ses amitiés, si fidèle à ses devoirs, si tendre à ses enfants : un
guide, un conseil, un ami!... Nous n'avions rien de
caché pour lui, il n'avait rien de caché pour nous. Il
était la justice même et la probité en personne...

De quel droit pouvions-nous compter plus longtemps
sur une fête qui a duré trente années, du père à son
fils, de l'oncle à son neveu, de ce bonheur à ce désespoir, de notre première jeunesse aux tristesses de notre
âge mûr, de la maison de Paris à la maison des champs,
où je n'ai jamais eu la force et le courage de remettre
les pieds, tant j'avais peur, au détour de quelque allée
et non loin du lac qu'il avait creusé, de rencontrer mon
vieux patron, qui cette fois passerait devant moi la tête
haute et sans répondre à mon appel! C'est la loi! Nous
et nos œuvres, nous et nos livres, nous et nos choses,
nous sommes condamnés à la mort, à la dispersion, à
l'adjudication suprême!

... Dans ces demeures funèbres, rien n'est resté des
parfums de la vie et de la grâce d'autrefois. C'était là

pourtant notre heureux rendez-vous de chaque jour ! Là
nous portions, fiers et confiants, nos plus chères pensées ;
là nous venions chercher l'idée et l'inspiration, l'amitié
et le conseil ! Au besoin l'écho redirait nos gaietés, l'écho
redirait nos tristesses ! Sur les murailles mêmes notre
image est restée, et il faudra les passer à la chaux vive
pour en arracher ces empreintes ! Adieu donc, échos
sérieux et charmants ! demeures chéries ! murailles hono-
rées ! foyer poétique ! inspiration ! beaux-arts ! exemple,
conseils, honnêtes et légitimes amours ! Adieu, joie
intime et vestiges heureux ! Hélas ! dans ces demeures
respectées, toute chose est à l'encan, le commissaire-
priseur est le maître absolu : il y a deux enfants
mineurs, tout se vendra ! On vendra même le verre
où nous buvions, et le vin généreux que nous buvions,
dans ces beaux verres à la santé, à la gloire, à la
prospérité, à l'avenir de tout ce que nous avons aimé
ici-bas !

L'éminent lundiste a prouvé, d'ailleurs,
d'une façon peu ordinaire, son attachement à
la famille des Bertin et au *Journal des Débats.*

En 1848, par suite du ralentissement général
des affaires, M. Armand Bertin prévint Jules
Janin qu'il se trouvait forcé (à son grand regret,
bien entendu) de réduire ses appointements à
6,000 francs, ou de lui rendre sa liberté, en

ajoutant toutefois qu'il lui laissait quelques jours pour se décider.

Sur ces entrefaites, la direction du *Moniteur universel*, qui désirait depuis longtemps s'attacher Jules Janin, essaya de profiter de la circonstance et lui offrit un traitement annuel de 24,000 francs. « Impossible, répondit le critique, je viens de passer un nouveau bail avec les *Débats*. » Et, en effet, il avait écrit déjà ces simples mots à M. Bertin : « Je reste. »

Presque au même instant, le directeur du *Journal des Débats*, qui avait tout appris, entrait brusquement chez son ami Janin, et, lui sautant au cou, s'écriait, avec des larmes plein les yeux : « Ah ! le brave garçon ! »

N'était-ce pas là un éloge mérité?

Ajoutons que jamais l'auteur de *Barnave* ne s'est préoccupé, à l'égard de ses productions, de la question d'argent. « L'essentiel, disait-il, c'est d'être lu par d'honnêtes et bienveillants esprits! » Et, en guise de traités avec les éditeurs, il se contentait volontiers, d'habitude, d'une parole échangée ou d'un serrement de main.

Lamartine et Béranger aimaient beaucoup leur voisin de Passy et le visitaient fréquemment. Combien d'inconnus ont aussi frappé à cette porte hospitalière! Combien de lettres de recommandation chaleureuse nous avons écrites, au nom du maître et sous son inspiration! Que de manuscrits de tout genre (hélas! souvent fastidieux) ont été lus ou résumés par nous à ce juge excellent, à ce patient auditeur!

Jules Janin n'a jamais refusé de rendre un service; au contraire, il est sans cesse venu en aide de son mieux, et avec joie, aux pauvres, aux obscurs et aux souffrants. Rappelons un fait entre mille : l'admirable feuilleton qu'il rédigea et le magnifique concert organisé naguère par ses soins, avec le concours empressé de Fanny Elssler, de Mme Damoreau, de Mlle Loïsa Puget, de Baillot, de Liszt, de Chopin, de Rubini, de Tamburini... au profit des malheureux inondés de sa ville natale.

Il entoura de louanges respectueuses cet astre dramatique à son déclin : Mlle Mars. Il a pleuré la Malibran et Mme Dorval. Il se plaisait également (comme Sainte-Beuve) à sonner le premier coup de cloche. Oter les **cailloux** et les ronces de la route d'un jeune confrère; **mettre** en lumière un talent naissant, une œuvre attrayante et saine, c'était pour lui une fête toujours nouvelle et toujours plus charmante. Il a encouragé, applaudi à leurs débuts (citons quelques noms, presque au hasard), le doux poëte Charles Reynaud; Armand Barthet, l'aimable auteur du *Moineau de Lesbie;* les deux frères de Goncourt, ces spirituels érudits; Joséphin Soulary, pour les beaux sonnets duquel il a écrit une préface en vers, et tant d'autres, qui sont demeurés fiers et reconnaissants de cet indulgent appui.

VI

L E fécond écrivain se préoccupait fort peu des injustes attaques de la presse. Lorsque des vaniteux, blessés d'un jugement sévère, mais équitable, l'injuriaient dans les journaux, il ne daignait jamais répondre. Au sujet de Félix Pyat, qui ne lui pardonna point son compte rendu d'*Ango* (un méchant drame qui méritait toutes les rigueurs de la critique), il disait sagement :

Même quand il se fut retiré de moi, j'ignorai long-temps ses malveillances, et quand, par hasard, j'en savais quelque chose, eh bien, le vent l'emportait. Il me suffisait de ne pas parler de lui, de ne pas lire ses œuvres et de ne pas assister à ses comédies. Le plus rude châtiment que puisse infliger un galant homme à ces violences sans portée, à coup sûr c'est de les ignorer. Malheureux ! que de peines tu te donnes pour outrager un homme qui ne se sent pas blessé ! Dans cette carrière illustre des belles-lettres, il faut redouter avant tout le silence, l'oubli, le néant et leur contre-partie : l'admiration absurde, le *rappel* inutile, le fracas sans portée et la louange sans écho. Vous avez un ennemi qui vous blesse, ignorez la blessure et ne parlez pas de celui qui l'a faite. Ne dites rien de cet homme, ni en bien ni en mal ; qu'il soit absent de vos discours, de vos écrits, de votre pensée ; et si, pendant de longues années, vous entourez cet homme, mort pour vous, de ce silence dédaigneux, vous trouverez en fin de compte que vous êtes trop vengé [1] !

Ses théories politiques, il vous les exposera volontiers :

Il m'est impossible d'accorder mes sympathies à ces fièvres lentes, à ces fièvres cachées, à ce malaise universel qui n'est pas la paix, qui n'est pas la guerre, à ces ténèbres qui ne sont pas la nuit ni le jour. Je suis avant tout l'homme des époques sérieusement tranquilles, profondément apaisées, où l'on peut s'occuper à loisir de la belle prose accorte et sonore, des beaux vers écrits

---

1. *Histoire de la Littérature dramatique,* tome I.

avec le feu de la passion, des drames bien faits, des vaillantes comédies, des brillantes exigences de l'esprit quand il produit ses œuvres les plus délicates. Voilà ce que j'aime, et, avec ces amours de ma vie, un peu de liberté, un peu d'espace et de soleil... Je hais de toutes les forces de mon instinct le drame brutal de la violence, du désordre et des multitudes déchaînées. A quoi nous mènent ces changements qui déshonorent l'histoire? Ils hébètent un grand peuple, ils le troublent, ils le dégradent, ils le perdent, ils l'habituent à courber la tête, ils l'arrachent aux choses qu'il aime le plus, à la poésie, à la philosophie, aux beaux-arts, à toutes les grandeurs de l'intelligence... Plus d'écrivains, nous avons des parleurs; plus de poëtes, nous avons des *députés;* parmi ces députés se sont absorbés même les poëtes, et les voilà proclamant dans un affreux patois la liberté, entourée de ses garanties, comme Apollon au milieu de ses nymphes sur les hauteurs de l'Ida, le centre droit, le centre gauche... et le reste. Affreux charabia, cette *langue politique,* qui est devenue un domaine de la langue française, et qui nous mènera, si l'on n'y prend garde, à parler comme des sauvages. Je sais bien ce qu'on va dire : le despotisme. Ah! oui, le despotisme! Eh bien! je m'accommoderais volontiers, je le jure, d'un tyran comme Louis XIV, entouré des plus rares chefs-d'œuvre qui aient honoré la langue française et l'esprit humain. En ce temps-là, c'était un honneur rare et charmant d'être lu par tant de juges excellents dans tous les genres de controverses, entre Port-Royal-des-Champs et l'hôtel de Rambouillet. Le style était non

pas tout l'homme, au moins était-ce quelque chose de
l'homme ; on se préoccupait tout autant de l'oraison
funèbre du grand Condé que de la bataille de Rocroy ;
une satire de Despréaux était une fête publique, une
comédie de Molière était un événement ; une lettre de
Mme de Sévigné courait le monde ; il y avait honneur et
gloire, en ce temps-là, d'être un poëte, ou tout simplement un critique.

Ces lignes vigoureuses datent de quarante
ans... Ne dirait-on pas qu'elles sont d'hier ?

Les réflexions suivantes intéresseront à coup
sûr. Quoi de plus philosophique et de plus
poétique en même temps ?

... L'oubli, c'est la règle, et le souvenir, c'est l'ex-
ception. Une page oubliée au fond d'un journal devenu
le jouet de la rage des vents, est-ce une si grande infor-
tune lorsque tant de poëmes n'ont pas trouvé un ache-
teur ?

Au moins, cette page errante à travers les caprices de
la ville et les oisivetés de la province a vécu, ne fût-ce
qu'une heure ; elle a rencontré au moins un lecteur ; elle
a servi, peut-être, tout un jour à la conversation, aux
commentaires, à l'oisiveté des salons parisiens ; parfois
même, au fond des villes les plus lointaines, elle s'est
fait jour dans quelque esprit novice ; ou bien quelque
cité curieuse a voulu savoir ce que disait cette page

enfouie aujourd'hui dans l'abîme ; et alors cette mauvaise petite feuille, jetée aux ronces du chemin, a vécu en italien, en anglais, en quelque langue étrangère qui lui donnait une grâce inattendue, une force inespérée. Est-ce mourir, cela ?

Est-ce donc mourir tout à fait si plus d'un cœur, à vous lire, a battu plus vivement ; si plus d'une idée, endormie au fond du cerveau réjoui, s'est éveillée en chantant ; si ce malheureux s'est trouvé consolé ; si ce misérable s'est senti châtié ; si la comédie, errante dans les nues du journal de chaque jour, s'est abattue en son vrai champ de bataille ? Est-ce mourir si, même après dix ans, un seul homme se rappelle ce grand cri qui l'a frappé ?

Non, rien ne meurt complétement de ce qui a vécu, ne fût-ce qu'un jour, une heure, un instant ; une fois que la trace est laissée au fond de l'âme humaine, essayez de l'effacer, soudain la voilà ravivée, et elle reparaît plus puissante, semblable à cette statue oubliée au fond de l'Océan : le flot qui l'emporta la rapporte, et chacun la reconnaît, en dépit des tempêtes dont elle fut si longtemps le jouet.

Et, maintenant, voulez-vous savoir comment Jules Janin comprenait les devoirs et les récompenses du critique :

Un homme d'esprit est celui qui en a quelquefois, c'est un mot de Vauvenargues ; un critique homme d'esprit est celui qui en a une fois par hasard, pourvu que les autres jours il ait du bon sens, pourvu qu'il soit juste et de bonne compagnie, on ne lui en demande pas davantage; ajoutez la joie intime de l'homme qui tire de la foule où il se noie, où il se meurt, un poëte aujourd'hui, le lendemain un grand artiste; tantôt il sauve une comédie aux abois, tantôt il relève un livre ignoré; ou bien, si le parterre, ébloui d'un vain bruit de paroles, se met à applaudir à faux quelque horrible mélodrame, alors c'est le triomphe de la critique de s'opposer à ces désordres d'une admiration hors de sa voie. En ce moment, vous êtes seul contre une foule... et quelle joie, et quel bonheur de prendre ainsi la défense de la raison outragée, de la langue française insultée, de toutes les majestés de l'art livrées en pâture aux parterres ignorants! Ou bien, par un matin de printemps, vous voyez entrer dans votre maison honorée M. de Chateaubriand qui vous dit : *Bonjour!* comme à un homme de sa famille; ou bien M. de Lamartine qui se fie à votre parole; ou bien Meyerbeer qui vous raconte les passions nouvelles dont il va remplir, tantôt, ces artistes qui ne chantent, qui ne pleurent, qui ne vivent que par lui. Ce sont là de grandes fêtes et des joies sincères. Et souvent, quel bonheur encore de savoir toutes les nobles mains qui vous sont tendues, les voix éloquentes qui vous défendent, ces lecteurs qui marchent à vos côtés, dans vos sentiers, dont vous savez les espérances, les passions, les études! O nobles clients! ils font du critique une espèce de consul.

Quels nobles élans! quel souffle!... Ainsi

parlait (vers 1850) l'homme de cœur qui nous écrivait un jour, en nous offrant sa traduction de *Clarisse Harlowe* : « *Ami, j'ai bien travaillé !* » Oh! oui, certes; et toujours avec la même conscience, avec la même ardente et honnête passion !

VII

Voici quelques lettres, écrites par Jules Janin, qui permettront d'apprécier davantage encore son esprit pétillant et sa réelle bonté.

La première fut adressée à Mlle Rachel, le 30 juillet 1849. Nous la devons à l'obligeance de M. Chesnel, l'un de ces cœurs droits et fidèlement dévoués que le maître se plaisait à nommer les *rares amis de l'aurore au couchant !*

Que je suis heureux et que je suis fier, mon cher enfant, d'avoir retrouvé sur votre jeune et charmant

esprit toute mon influence, et quel grand honneur ce
sera pour moi de vous avoir maintenue en ce Théâtre-
Français que votre absence allait tuer, et qui tombait le
jour même de votre démission! Il n'y a que vous, et
vous seule. « Moi seule, et c'est assez! » disait l'ancienne Médée. Oui, certes ; mais, vous absente, adieu le
reste. Ils ont beau faire et chercher partout où vous
n'êtes pas, ils ont beau annoncer, à son de trompe, une
nouvelle Rachel, tous les huit jours... rien n'y fait, vous
êtes la reine, et il faut se soumettre. Ayez donc ceci
pour constant, que votre œuvre et votre vie à venir
sont attachées au théâtre, et que, si vous abandonniez
cette force et cette gloire où vous êtes, vous en auriez
un éternel repentir. Songez donc à vos belles soirées,
songez à la foule attentive et curieuse, au poëte ému, à
la critique impatiente, à l'intime émotion du premier
vers, à l'applaudissement définitif! Quiconque a bu, à
cette coupe, une seule gorgée, en a pour le reste de ses
jours à sentir le goût du breuvage enivrant ; à plus forte
raison s'il a vidé la coupe jusqu'au fond, et s'il s'est
enivré de la douce liqueur. Je ne suis qu'un petit artiste,
moi qui vous parle ; à peine si je suis suivi de quelques
lecteurs ; mais, s'il me fallait renoncer à mon lundi de
chaque semaine, à coup sûr j'aimerais mieux mourir,
tant ça me charme et ça me plaît de parler au lecteur et
de lui raconter ce que rêve ma tête et ce que pense mon
cœur. Ainsi pas d'excuse à une retraite prématurée !
Heureuse, le théâtre augmente et double votre joie ; en
deuil, le théâtre est une consolation. Rappelez-vous
Henriette Sontag! Elle s'en va au plus beau moment de

la grâce et du charme ; vingt ans après elle saisit le premier prétexte à revenir au théâtre, elle y revient, à peine la veut-on reconnaître, et, l'infortunée ! elle est morte à la peine. Elle vivrait heureuse, honorée et forte, si elle avait chanté tant qu'ont duré ses beaux jours. La belle affaire, après tout, de se reposer à trente ans !

C'est pourquoi je vous loue et je vous aime de revenir, si vite et si bien, prendre terre à Paris ! Qu'importe le jour de cette fête ? On vous verra, vous serez applaudie, et vous aurez prouvé, une fois encore, que le grand artiste est supérieur même au chagrin le plus légitime. Hélas ! pendant que vous quittez Bruxelles, je quitte Paris ; à peine si nous pourrons nous saluer en passant ; une poignée de main, comme c'est peu, quand on est de si grands amis que nous, quand chaque jour a serré les liens, agrandi l'estime et justifié la tendresse. Heureusement que Spa est une ville amie et propice : on s'y trouve, on s'y dit bonjour à la face du ciel ; on s'y câline, on s'y dorlote, on s'y repose. Et que je serai donc content de vous y rencontrer, mon enfant bien-aimé ! Je ne sais pas tout à fait le jour de notre départ. J'ai bien à écrire encore, avant ce jour heureux.

Je vous embrasse de tout mon cœur.

J. JANIN.

Le 10 août 1841, M. Constant Janin, étudiant en philosophie au grand séminaire d'Évreux [1], recevait, tout ravi, la lettre suivante, en réponse à des éloges enthousiastes qu'il avait adressés au critique des *Débats :*

Mon cher *cousin,*

Puisque vous le voulez, je ne demande pas mieux. Que va dire monsieur votre régent s'il vient à savoir que vous vous êtes mis en correspondance avec un faiseur de romans comme moi ? Vous aurez beau lui dire que je ne suis pas aussi noir que j'en ai l'air, vous verrez que l'excellent homme aura bien peur. Quoi ! l'auteur de tant d'œuvres profanes, lui écrire du fond d'un séminaire ! C'est un grand péché peut-être.

Eh bien, non, ce n'est pas un péché, car un écrivain de romans vous donnera les meilleurs conseils, des conseils tout fraternels. Je veux dire que la vie est chose grave et sérieuse, que la jeunesse passe vite, et qu'il la faut employer non pas à admirer des écrivains futiles comme moi, mais à étudier les maîtres de la pensée et de la conscience, les grands orateurs de l'Orient et de l'Occident : saint Augustin et saint Jérôme, saint Grégoire et saint Ambroise, saint Jean Chrysostôme surtout ; Le Maistre et Bossuet. Lisez Bossuet. Voilà un maître ! Voilà un homme qui a créé la langue française ; il appartient à Homère aussi bien qu'à Louis XIV. Lisez-le. Ses sermons sont peut-être les chefs-d'œuvre de

---

1. Devenu curé de Tosny. Cet heureux abbé Janin n'était pas le parent de l'éminent écrivain.

l'éloquence humaine. Son *Histoire des Variations* a rendu autant de services à la religion catholique que les *Épîtres* de saint Paul, le grand organisateur. Je ne connais rien de plus touchant dans aucun livre que les *Oraisons funèbres* de Bossuet. Avez-vous lu ses lettres ? Tout l'ensemble du catholicisme se retrouve dans ces papiers détachés, adressés au hasard à quiconque avait besoin de cette féconde et nerveuse parole. Voilà, mon cher enfant, voilà nos maîtres ! Voilà ceux qu'il faut aimer, admirer, applaudir, étudier la nuit et le jour ! Voilà où se trouve la solide nourriture des jeunes esprits, et non pas, Dieu merci! dans les misérables et ennuyeuses futilités qui s'écrivent de nos jours.

Quels livres! Si vous saviez quels abominables corrupteurs du bon goût, des bonnes mœurs, de la civilisation, de la langue, de la belle langue française, par laquelle toute l'Europe nous était soumise bien plus que par les armes de l'empereur Napoléon! Rappelez-vous ce que vous avez lu ; tout ce qui vient des œuvres de ce siècle est une vaine fumée, bonne tout au plus à obscurcir les intelligences honnêtes. Toute cette écrivasserie, qui vous paraît belle, vue de loin, si vous pouviez en pénétrer les tristes mystères, vous porterait à la tête et au cœur. Ce ne sont qué de trompeuses vanités, pauvretés, mensonges de tout genre ; et quand vous les aurez lus, rien ne vous restera, sinon un profond dégoût, un douloureux ennui, un grand mépris de vous-même et des autres.

Prenez donc bien garde de tomber dans ces abîmes, imprudent que vous êtes ! Ne lisez ni moi, ni les autres ! Ne lisez pas un livre de ce siècle ; je n'en connais pas deux qui méritent les regards honnêtes d'un brave jeune homme qui a conservé la piété, la pudeur, les chastes enivrements de ses dix-huit ans.

Allons, point de lâcheté ; revenez à la forte et si vive nourriture, à la discipline, aux enseignements de Port-Royal-des-Champs. Rappelez-vous Pascal, Arnault, Nicole, Racine, Bossuet, Fénelon et Massillon, son frère dans l'art de rendre aimables les sévérités mêmes de l'Évangile. Rappelez-vous les beaux livres du dix-septième siècle et les belles pages du siècle suivant, ou bien remontez dans les critiques de la science chrétienne. Ce seront là des auteurs utiles et sûrs ; ce seront là des études remplies de douces promesses. Ainsi vous arriverez à être un homme, un homme éloquent, austère et dévoué.

Vous avez choisi une belle et sainte profession, belle et sainte entre toutes. Soyez-en digne. Ne rougissez pas de votre habit : avec cet habit-là ont été civilisées les nations modernes. Au contraire, obéissez à votre vocation, marchez bien droit dans votre sentier, la tête haute, et quand, par hasard, vous trouverez que la nuit est épaisse, que le chemin est couvert de ronces et d'épines, que la colonne lumineuse, c'est-à-dire votre conscience, est tournée de son côté nuageux, rappelez-vous ce que dit un ancien livre de philosophie, que je lisais dans ma jeunesse :

Haud facilem voluit Pater ipse colendi
Esse viam, curis acuens mortalia corda.

Donc, encore une fois, méfiez-vous des faux enthousiasmes, méfiez-vous des fausses tristesses, méfiez-vous
des études mal faites. Ayez confiance dans vos guides
naturels, qui sont encore les meilleurs amis que vous
puissiez rencontrer en votre chemin. N'allez pas, dans
un moment de caprice ou de mauvaise humeur, vous
adresser, tête baissée, au premier venu dont vous aurez
lu le nom dans un journal. L'imagination est une belle
chose sans doute, mais il faut avant tout l'amortir, la
dominer, l'écraser tant qu'on le peut.

Voilà ce que je voulais vous dire, et aussi ce que
votre lettre m'a fourni : une preuve d'un esprit peu
obéissant, mais d'un cœur honnête. Elle est bien honorable pour moi, qui suis très-heureux d'inspirer de temps
à autre de tels sentiments. Enfin, elle m'a donné l'occasion de vous faire une homélie polie comme bien loyale,
dont j'espère que vous profiterez. Et puis un jour,
quand vous signerez : CONSTANT, *episcopus lugdunensis,*
ou autre lieu, je présume vous écrire à mon tour :
« J'invoque votre parenté, monseigneur, bénissez-moi. »
En attendant ce jour, glorieux pour tous les deux, je
suis de Votre Grandeur, monseigneur, le très-humble
et très-obéissant serviteur.

JULES JANIN.

La lettre que voici, écrite au courant de la
plume comme les précédentes, fut envoyée, en
juin 1856, à M. Twist, un horticulteur hol-
landais :

Que vous êtes bon, monsieur, et que je suis content
de vous ! Vous avez donné mon nom à votre nouvelle
tulipe, et me voilà, à mon âge, en cheveux déjà blancs,
renouvelé dans une fleur ! Certes, si je m'attendais à
une métamorphose, ce n'était pas à celle-là. Une fleur !
une tulipe ! une des parures du prochain mois de mai,
pendant que tant de braves gens, qui valent mieux que
moi, en sont réduits à écrire leur nom sur les neiges du
mont Blanc, sur le sable du désert, au sommet des Pyra-
mides, sur le clocher des hautes cathédrales ! Les impru-
dents ! L'été vient qui fond la glace ; un souffle emporte
au loin le sable enflammé ; la pyramide, elle peut crou-
ler ; la cathédrale, elle tombe ! Au contraire, la fleur, à
peine expirée, elle va renaître, et le nom qu'elle porte
brillera d'un éclat tout nouveau. Quelle immortalité plus
généreuse et plus charmante, et me voilà mille fois plus
heureux même que si j'avais une statue ! On la brise, on
l'insulte, on la renverse, la statue ! Elle dépend de la
fortune et du caprice populaire.

Athènes a brisé, en un jour, les trois cents images
d'airain qu'elle avait décernées à son tyran. Mais quelle
main assez impie oserait briser une fleur ? Quel téméraire ose arracher la tulipe de son piédestal de gazon ?
Grâce à vous, monsieur Twist, me voilà tout simplement immortel ! Soyez loué, soyez béni pour cette
bonne œuvre ; il y a quelque mérite aujourd'hui à
reconnaître, ne fût-ce que par un sourire, les honnêtes
écrivains qui sont restés fidèles à la liberté. D'ailleurs,
de quel droit imposer à quelque innocente tulipe, ornement de la terre et présent des dieux cléments, le nom

d'un traître ou d'un flatteur de la force? Il y a tant de
ciguë et d'ivraie, et tant de chardons, et tant de champi-
gnons vénéneux, pour porter le nom de ces gens-là !

J'aurai grand soin de ma tulipe, et déjà je cherche, à
sa gloire, un beau vase orné des plus délicates peintures,
où elle puisse, à son aise, naître et grandir. Je la vais
mettre aussi sous la garde excellente d'un grand fleu-
riste, M. Lemichez, qui est resté fidèle à la reine des
jardins de Neuilly.

Je fais des vœux, monsieur, pour que je vous puisse
embrasser et remercier quelque jour, et je ne désespère
pas de vous rencontrer avant de mourir. Au reste, vous
avez pour vous un proverbe consolant : « De mémoire
de rose (et de tulipe), on n'a jamais vu mourir un jardi-
nier. »

Laissez-moi cependant vous serrer la main de tout
mon cœur.

JULES JANIN.

Nous possédons beaucoup de lettres du
maître, remplies à la fois de grâce, d'esprit et
d'exquise bienveillance. La première date du
8 février 1855. Le grand critique, alors dans
toute sa gloire, nous l'adressa, à Cherbourg, au
temps heureux de notre vingtième année, en
réponse à un témoignage de fervente admiration; et (on le croira sans peine) cette cordiale
missive nous rendit bien joyeux!

Il nous sera permis d'en citer ici quelques passages :

Je suis toujours bien content, monsieur, lorsqu'une honnête main m'est tendue, et j'accepte la vôtre de grand cœur !

... Cette profession des lettres est rude et difficile, à la longue ! A vingt ans on la trouve charmante, mais, trente ans plus tard, quand on compte avec soi-même, et quand on voit les piéges, les abîmes, les calomnies, les dangers, le travail accompli, — et comme on est peu avancé dans ce sentier d'épines, on est bien triste et bien accablé.

Heureusement que de temps à autre vous arrive une bonne fortune, semblable à l'aimable lettre que je reçois de vous, alors on se sent tout consolé.

Quand vous viendrez à Paris, ne cherchez pas midi à quatorze heures pour me venir visiter, — je suis chez moi tout le jour et tous les jours.

Votre obéissant et dévoué serviteur,

JULES JANIN [1].

Et, peu de mois après, insistant de la manière la plus séduisante, il terminait ainsi une

---

[1]. Voir, en regard, ces charmantes lignes reproduites en *fac-simile*.

Je serai toujours bien content, cher ami,
lorsqu'une bonne main se sera tendue, et
j'accepte de votre dispensé [car ?]

Ah, professions, lettres ou tuile et
difficile à indiquer ! à vingt ans ou laborieux
charmantes, mais, cherchons plus loin, meurs en
Angleterre lui-même, autrement on voit les prières
les aliènent, les calomnient, les dangers, le travail
accepté — et l'on me parle que avancé d'une ce
univers d'épreuves, ou un bien triste et bien
accablé. Heureusement, que de temps à autre
on arrive une bonne fortune, semblable à
de si aimable lettre que je reçois de vous, alors au
n'est tout (oublié.

Quand vous viendrez à Suisse une
Charles 75 mardi à Surcharge heures, Que vous
vous visites — je vous dis lui tout le jour et
tous les jours.   votre dévoué et dévoué
    Sincères   Jules Janin [?]

de ses lettres : « Je serai bien content quand vous me direz : Me voilà! »

Tous les délicats connaissent à merveille la prose si française et si pétillante de Jules Janin, mais bien peu de personnes savent qu'il écrivait en latin, à l'occasion, d'une façon fort agréable. Nous croyons donc intéressant de publier ici une lettre qu'il nous dicta le 7 février 1872. Le destinataire de cette gracieuse épître, M. Chappuyzi, officier de l'Université, ancien professeur de seconde au lycée Bonaparte, avait offert à l'ami d'Horace une traduction, en vers latins, de plusieurs des célèbres *Contes rémois* de M. de Chevigné; c'est en réponse à cet hommage d'un érudit que les lignes suivantes furent improvisées :

Legi et relegi, vir doctissime, versiculos e gallico politissimo in latinum Nasonis translatos et bene olentes vinum nostrum falernum. Quàm juvat in hisce narrationibus invenire quod molle atque facetum *Horatius appellat. Ita ut lector nihil possit reperire nisi incorruptum et elegans. Quid melius? Libellus est tuus, alma Venus! In isto optimo genere dicendi nanciscimur simplicitatem, nudamque veritatem, necnon veneris furtivæ delicias. Hic pueri et puellæ*

mollia prata offendunt, hic omnia ludicra, quæ comes nos-
ter lepidissimus de Chevigné spargebat manu plenâ, gau-
dentibus rure, amore et juventute Camœnis.

Julius, a magno demissum nomen Iulo[1].

(J'ai lu et relu, très-savant confrère, vos vers traduits
du meilleur français en latin d'Ovide ; ils exhalent le
doux parfum de notre vin de Falerne. Quel plaisir de
trouver dans ces récits ce qu'Horace appelle l'esprit
souple et enjoué, en même temps qu'une irréprochable
élégance ! Ce livre t'appartient, belle Vénus ! Dans ses
pages exquises, on rencontre la simplicité, la vérité sans
voiles et les délicieux mystères de l'amour. Là aussi,
filles et garçons découvrent les gazons moelleux et
tous les aimables badinages que notre joyeux comte de
Chevigné semait à pleine main, en l'honneur des Muses,
éprises de la nature, de la jeunesse et de l'amour !

Jules, nom dérivé du grand Iule [2]).

---

1. Virgile, *Énéide ;* chant Ier, vers 288 ou 292 selon l'édition).
2. Iule, fils d'Énée.

VIII

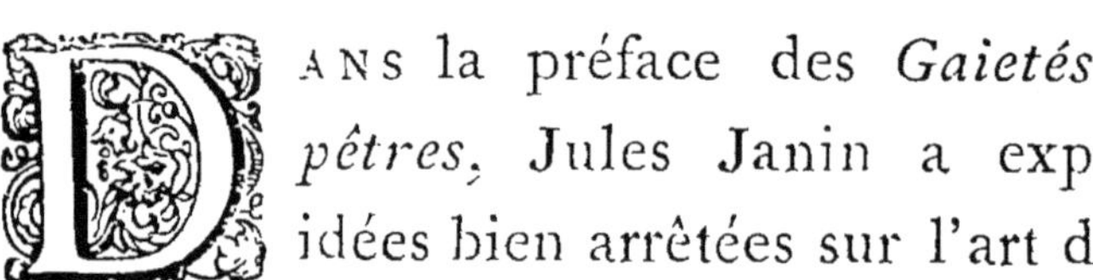ANS la préface des *Gaietés cham-
pêtres*, Jules Janin a exposé ses
idées bien arrêtées sur l'art d'écrire :
« A faire un livre, je l'avoue, il faut que
je trouve mon compte, à savoir : la peine et le
travail, la cadence et la recherche. Il me faut
le *tour*, le *détour* et le *contour*. La singularité
me convient, la subtilité ne me déplaît pas ;
l'excès est un écueil, un bel écueil... C'est le
droit de l'écrivain qui ne songe qu'à plaire un
instant de chercher avant tout la forme, le son,

le brun, ... ouleur, l'ornement, la prodigalité, l'excès. »

Il nous répétait souvent : « Mon cher ami, écoutez ce conseil d'un ancien : Rien ne vaut mieux, pour un véritable homme de lettres, que la sainte horreur de la banalité! »

L'auteur de l'*Amour des Livres* était d'ailleurs de l'avis de Chateaubriand, qui a dit, non sans raison : « On ne peint bien que son propre cœur, en l'attribuant à un autre ; et la meilleure partie du génie se compose de souvenirs. »

Jules Janin n'a jamais laissé échapper l'occasion de rendre hommage aux vraies gloires littéraires. Cette chaleur d'âme lui a inspiré beaucoup de pages excellentes; celle-ci par exemple :

Pour celui qui a l'honneur de tenir la plume du critique, il y aura toujours beaucoup à glaner dans l'étude et dans la contemplation de l'œuvre des maîtres. C'est la mine inépuisable, c'est le sujet toujours nouveau. *Nostri est ferrago libelli.* Qui que vous soyez, qui vous êtes chargé de parler longtemps au public français des belles choses de la poésie et des beaux-arts, attachez-vous à bien comprendre, à bien savoir les chefs-d'œuvre qui ont été le principe et le commencement du travail même de vos contemporains. Cette étude est, pour le critique, un de ses premiers devoirs, un devoir de grand profit. D'abord, il y puise l'autorité nécessaire à qui veut faire la leçon aux beaux esprits de son temps ; en second lieu, cette profitable étude aura ceci d'utile et de bienséant que, faute d'un poëte moderne à censurer, la critique aura toujours sous la main quelque grand poëte à admirer.

Lorsque la souffrance empêchait le fécond écrivain de travailler, il recourait d'ordinaire à la lecture des auteurs classiques ; dans ses dernières années, Bossuet et La Bruyère étaient ses préférés : « Faisons, disait-il souvent en inclinant sa tête blanche, faisons une petite visite à nos maîtres éternels, et saluons-les avec respect ! »

Comme nous lui lisions, cinq ou six mois avant sa mort, quelques chapitres d'un chef-d'œuvre du grand siècle, il s'écria soudain d'une voix sonore et enthousiaste, tandis que sa figure s'éclairait de ce charmant sourire que lui eût envié Horace :

« Ah ! que c'est beau ! Relisons cela, voulez-vous ? C'est plein de soleil ! »

Cette exclamation nous remet en mémoire un

fait inédit du temps de sa jeunesse. Il dînair
ce jour-là chez M. Chaix-d'Est-Ange. Resté
silencieux pendant le repas, il s'anima tout à
coup vers la fin de la soirée. On venait de
parler de Bossuet, en le critiquant un peu, et
Janin, s'étant levé brusquement, plaida, vingt
minutes durant, avec une chaleur et une éloquence merveilleuses, la cause de l'immortel
évêque. Tous les auditeurs étaient sous le
charme. Deux d'entre eux, prenant à part aussitôt le maître du logis, lui demandèrent simul-
tanément :

« Quel est ce jeune homme? Nous serions
heureux de le connaître et de le recevoir. »

Ces admirateurs de la verve et du caractère
de Jules Janin lui vouèrent une amitié qui ne
se démentit jamais. Le premier s'appelait
M. Thiers [1] ; l'autre, M. Benoît Fould.

---

1. Le 14 novembre 1871, cinq jours après sa réception à l'Académie française, le « prince des critiques » recevait de M. Thiers
(alors président de la République) une lettre des plus cordiales,
dont voici les premières lignes :

« Mon cher confrère,

« Je n'ai pu lire que ce matin votre charmant discours, plein de grâce,
d'esprit, d'imagination, comme tout ce que vous écrivez. Je vous en félicite .

L'œuvre la plus caressée par l'ermite de Passy a été, incontestablement, son heureuse traduction d'Horace, saluée d'une louange unanime, et au sujet de laquelle M. Cuvillier-Fleury a publié une étude fort intéressante, dont nous détachons cette jolie anecdote [1] :

Un jour (c'était aux eaux de Spa, où M. Jules Janin va relire Horace tous les ans), deux des baigneurs de l'endroit l'aperçoivent de loin. « Tiens, dit l'un, c'est Janin! le voilà à la même place, sous le même arbre, dans la même posture et avec le même livre que je lui vois à la main chaque année... — Je parie que non », dit l'autre, qui, à la distance où ils étaient encore, avait cru s'apercevoir de quelque changement. Les deux amis s'approchent. « Monsieur, dit le dernier en s'adressant au critique, n'est-il pas vrai que vous ne lisez pas en ce moment le même livre que l'an dernier à la même place ? J'ai parié que non... — Vous avez perdu, monsieur. Je lis le même livre et la même édition. Seulement Capé s'est chargé de mettre, cette année, une reliure nouvelle à mon *Horace*... » M. Jules Janin lisait donc Horace tous les ans; disons mieux, il le lisait toute

---

de bien bon cœur, et j'en félicite l'Académie, qui a eu une bonne journée. J'aurais bien voulu y assister et pouvoir me joindre à tous ceux qui ont applaudi en vous un brillant talent et l'un des caractères les plus aimés les plus aimables de notre rude époque... »

1. *Historiens, Poëtes et Romanciers*, par M Cuvillier-Fleury, tome II, 1863.

l'année, et il a eu ce bonheur que, lorsqu'il a conçu l'idée de le traduire, la traduction était faite une première fois dans sa mémoire. M. Janin avait vécu en la faisant ; ou plutôt il semblait n'avoir vécu que pour la faire, tant elle absorbait sa pensée, tourmentait et charmait sa vie...

Sur un certain nombre d'exemplaires de ce livre, offerts à ses amis, se trouvent de spirituels petits vers qu'il improvisait avec une facilité et une grâce ravissantes[1]. Voici plusieurs de ces dédicaces, que nous avons soigneusement recueillies :

A M. LE PRÉSIDENT HUET.

(Son beau-père.)

Je viens vous présenter en son habit français
Un Latin de l'ancienne Rome ;
Auprès de vous qu'il ait accès,
En qualité de galant homme.
Vous aimerez sa bonne humeur,
Son cœur droit et son âme tendre ;
Il fut plein de sens et d'honneur :
Vous êtes faits pour vous entendre.

---

1. Jules Janin, d'ailleurs, a toujours eu du goût pour la poésie. En 1821, âgé de dix-sept ans, il prenait part à un concours que l'Académie de Lyon avait ouvert, et dont le sujet, fort dramatique, était le *Siége de Lyon*. M. Joséphin Soulary vient de retrouver le poëme du critique dans les archives de cette Académie.

A M. SAINTE-BEUVE.

De ce triple salut ne prenez point d'ombrage !
Ami, je vous présente un sage
Traduit, mais non pas corrigé.
Il vous dira qu'à la sagesse
On n'est pas toujours obligé ;
Que, chaque mois, à sa maîtresse
On peut fort bien donner congé.
Il aimait le vin, moins l'ivresse ;
Il piquait, mais il était doux.
Il faut qu'on l'aime ou qu'on le craigne.
Il savait... Eh ! ce qu'il enseigne
Pas un ne le sait mieux que vous.

A M. VILLEMAIN.

Il vous apprit l'art d'écrire et de plaire,
A mêler l'utile au charmant ;
Vous nous apprenez maintenant
L'art du courage et du bien-faire.

A M. DE PONTMARTIN.

(En lui envoyant sa traduction.)

Prenez-la, mon ami, vous qui valez mieux qu'elle.
Pourquoi ? me direz-vous. — Vous êtes plus fidèle [1].

---

1. Délicate allusion aux opinions royalistes du célèbre critique
de la *Gazette de France.*

A M***.

Les bons livres, les vers, l'amour, la liberté,
Tout ce que vous aimez, Horace l'a chanté!

A MADAME RISTORI.

Fille des vieux Latins de Rome et de Corneille,
En lisant ces échos d'un esprit tout romain,
Tu diras : Ces accents ont frappé mon oreille,
Et j'ai porté ma lèvre à cette urne d'airain!

A L'ÉDITEUR LÉON CURMER.

Entre les sages d'ici-bas
Homme heureux, je vous donne un livre
Qui vous apprendrait à vivre,
Si vous ne le saviez pas.

A LA BÉDOLLIÈRE.

Voici, confrère, un bon garçon,
Compagnon de notre jeunesse !
Il nous chantait à l'unisson
Le vin, l'amour et la paresse.
Il fut votre maître en chanson,
Il est notre émule en sagesse.

La veille de la publication de l'ouvrage
(10 avril 1860), Jules Janin, causant avec

nous, improvisa gaiement le quatrain que voici :

Piedagnel
Ne fera pas le pied de grue
Au devant de l'Horace, édition incongrue,
Dans laquelle l'abeille a laissé peu de miel!

Le surlendemain, nous accusions réception du livre, en adressant à notre illustre maître les vers suivants, que nous plaçons ici seulement à titre de sincère hommage :

Je viens de lire le volume
Qu'hier vous m'avez envoyé :
Ce Benjamin de votre plume
Mérite bien d'être choyé!
A tout le monde il saura plaire ;
Déjà partout on l'applaudit,
Lui trouvant la grâce et l'esprit
De ses aînés et de leur père.

Vous aimez le divin Horace,
Et vous savez le faire aimer ;
On le voit, vous suivez la trace
De ce maître en l'art de charmer.
Votre Muse a ce qui scintille
Chez ce poëte séduisant,
Et chacun croit, en vous lisant,
Que vous êtes de sa famille.

Même pendant ses accès de goutte il conservait de l'enjouement, et sa physionomie avenante ne laissait deviner qu'aux familiers du chalet les luttes courageuses et opiniâtres qu'il soutenait contre la souffrance.

Vers la fin de 1873, un de ses anciens condisciples vint lui demander, en notre présence, sa photographie, avec un mot de dédicace. Il écrivit aussitôt ces quatre vers :

> *Ami Charnay, mon camarade !*
> *Nous étions aux mêmes printemps ;*
> *Qu'un de nous sous la faux du Temps*
> *Tombe, hélas ! l'autre est bien malade.*

Un matin, comme nous entrions dans sa chambre, il nous tendit un papier sur lequel étaient tracées, au crayon, deux lignes peu lisibles. « Ceci, nous dit-il, est l'épitaphe de mon chien, mort cette nuit. Vous en aurez la primeur :

> *Glouton, coureur, méchant, lâche et galeux, en somme*
> *Feu mon chien était presque un homme ! »*

Cette ironie teintée d'amertume n'était nullement dans ses habitudes ; le fond de sa nature fut toujours l'indulgence à l'égard d'autrui. Il partageait l'opinion de Mme de Staël : « Savoir tout comprendre, c'est savoir tout pardonner ! »

Jules Janin nous témoignait depuis bien des années une confiance et une amitié dont nous étions fier à bon droit. Aussi c'est avec une vive émotion que nous contemplons, tout en rassemblant ici nos souvenirs, le beau portrait au-dessous duquel il a écrit pour nous cette cordiale dédicace :

Abrite, ô mon complice, en ton logis ami,
Ce goutteux, par les ans tout courbé, tout blanchi!

IX

L'AMOUR des livres, cet amour pur, ardent, fécond, durable et sans mécomptes, a été célébré par Jules Janin, en toute occasion, avec le plus séduisant enthousiasme. Il possédait de si précieux volumes, et il les aimait tant! Jamais, à coup sûr, aucun écrivain ne fut mieux pénétré — ni mieux entouré — de son sujet favori, et ne donna, par sa vie tout entière, plus éloquemment raison au mot si connu de Ménage, en l'honneur du charmant *dada* des bibliophiles : « C'est la passion des honnêtes gens ! »

Quoi de meilleur, en effet, qu'un bon livre pour la nourriture et la joie de l'esprit? En le lisant, aux heures de fatigue morale, on se sent réconforté, on oublie ses déceptions, ses ennuis; le calme bienfaisant peu à peu renaît au fond de l'âme, l'œil s'éclaire, le front se déride, et le sourire bientôt refleurit sur les lèvres.

Lorsque, chassées par la bise, les dernières feuilles flétries se sont éparpillées, en tournoyant et gémissant, dans les allées désertes du jardin; durant les veillées de décembre, tandis que le vent rôde et pleure,

S'engouffrant tristement dans les longs corridors,

n'est-il pas agréable et salutaire à la fois de relire un vrai livre, en face des tisons rougis qui craquent et pétillent, — tout en écoutant la chanson de la bouilloire ou celle du grillon familier?... Et, certes, l'été, sous un ombreux feuillage, au bruit léger du ruisseau murmurant, le plaisir n'est pas moindre pour le lecteur attentif et fidèle; mieux que jamais, au contraire, il apprécie tout le bonheur de vivre!

Quelles douces surprises, quelles fêtes in-

times, que d'émotions délicieuses on éprouve
en ouvrant un beau volume du temps jadis, du
XVIIIe siècle, par exemple (le siècle des élégances)! La reliure pleine, en veau fauve, ou
en maroquin à larges dentelles; les tranches
rouges ou dorées, le papier de Hollande, les
caractères elzéviriens, les figures de Gravelot,
de Moreau, de Bernard Picart *le Romain,*
ou les vignettes d'Eisen, si délicates et si spirituelles, vous ravissent tour à tour. On croit
voir l'heureux auteur de cet ouvrage centenaire; ou, s'il s'agit de la réimpression d'un
classique, le patient lettré qui a enrichi l'édition de notes ingénieuses, de commentaires
excellents; on songe à ses recherches, à ses
efforts, à sa persévérance; on se représente sa
joie en découvrant soudain un fait inédit, un
détail curieux; puis on s'incline par la pensée
devant l'habile graveur qui a prodigué à son
œuvre exquise tant de soins intelligents et pas-
sionnés. Le premier possesseur du livre vous
apparaît, lui aussi, tout glorieux d'être le maître
absolu d'un si bel exemplaire, le feuilletant
avec respect, avec admiration, le savourant en

quelque sorte, et demandant à ce compagnon docile l'oubli de ses chagrins de la veille et de ses soucis du lendemain!...

Mais écoutez plutôt Jules Janin lui-même parler des livres, avec une autorité incontestable, avec un charme infini [1] :

O chefs-d'œuvre! beautés! grâces! consolations! sagesse! O livres, nos amis, nos guides, nos conseils, nos gloires, nos confesseurs! On les étudie, on les aime, on les honore... Et de même que les anciens posaient dans un coin de leur chambre un petit autel paré de verveine, et sur cet autel domestique un dieu familier, le vrai bibliophile ornera sa maison de ces belles choses...

Qu'il rentre en son logis, ou qu'il en sorte, il donne un coup d'œil à ses dieux favorables. Il les reconnaît d'un sourire; il les salue en toute reconnaissance, en tout respect. Il s'honore aussi de ces amitiés illustres, il s'en vante!

---

1. Nous avons extrait les délicieux fragments qui suivent d'une plaquette devenue introuvable : l'*Amour des Livres*. Ce coquet petit volume (64 pages in-12), publié chez J. Miard, en 1866, a été tiré à 200 exemplaires sur papier vergé, avec titre rouge et noir. Son prix primitif était de 3 francs; on en a vendu des exemplaires, brochés, plus de 60 francs.

En tête de celui qui nous appartient, et que nous conserverons toujours précieusement, Jules Janin a écrit ce distique :

Lorsque chacun sur mon livre hésitait,
Piedagnel hardiment l'achetait!

Les livres ont encore cela d'utile et de rare : ils nous lient d'emblée avec les plus honnêtes gens ; ils sont la conversation des esprits les plus distingués, l'ambition des âmes candides, le rêve ingénu des philosophes dans toutes les parties du monde ; parfois même ils donnent la renommée, une renommée impérissable, à des hommes qui seraient parfaitement inconnus sans leurs livres. Ils ajoutent même à la gloire acceptée !...

Au catalogue de ses livres, on connaît un homme ! Il est là dans sa sincérité. Voilà son rêve... et voilà ses amours !

Accordez-moi, Seigneur, disait un ancien : une maison pleine de livres, un jardin plein de fleurs ! — Voulez-vous, disait-il encore, un abrégé de toutes les misères humaines, regardez un malheureux qui vend ses livres ! *Bibliothecam vendat...* Nous autres, les bonnes gens, les petites gens, qui se tiennent à part, loin du soleil, voici, du soir au matin, notre humble prière : « Accordez-nous, grands dieux, une provision suffisante de beaux livres qui nous accompagnent dans notre vie, et nous servent de témoignage après notre mort ! »

X

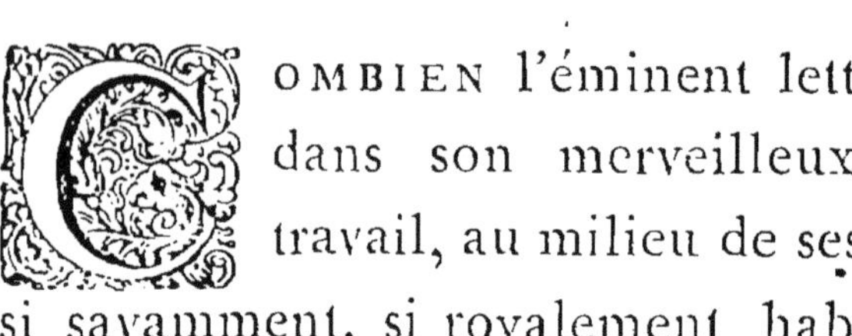OMBIEN l'éminent lettré se plaisait dans son merveilleux cabinet de travail, au milieu de ses chers livres, si savamment, si royalement habillés par des artistes tels que Capé, Niédrée, Duru et Trautz-Bauzonnet! D'un regard amoureux, attendri parfois, il contemplait, sans se lasser, cette nombreuse et brillante réunion d'amis : de poëtes, d'historiens, de philosophes, d'orateurs, de romanciers, de critiques... Les volumes multicolores, bien alignés dans quatre vastes bibliothèques en chêne sculpté, semblaient

reconnaissants d'une si vive affection et des hommages sincères qui leur étaient rendus. On eût dit, à les voir par un jour de soleil, qu'avec leur maître ils échangeaient des sourires !

« J'ai, sous mon humble toit, la *Pharmacie de l'âme !* » s'écriait volontiers Jules Janin. Et, en effet, autour de lui rayonnaient les œuvres des plus illustres, des plus aimables écrivains de tous les temps (6,000 tomes environ[1]), dans leurs éditions originales, sur les papiers les plus précieux, et ornées des gravures les plus rares : la *Bible* en latin, d'Ambroise Didot (1785), et la traduction de Le Maistre de Sacy, enrichie des figures de Marillier; le *Nouveau Testament,* traduit par MM. de Port-Royal, imprimé par les Elzévir, en 1667, et relié par Du Seuil; l'*Imitation de Jésus-Christ,* mise en vers français par Pierre Corneille, édition de Rouen, 1656; la *Journée du Chrétien,* aux armes de Mme de Pompadour; l'*Alcoran de Mahomet,* traduction de Du Ryer (à la Sphère, 1649); Homère, Anacréon, Sapho, Bion et

---

1. Cette superbe collection va être vendue, dans quelques mois, ainsi que le chalet. (*Septembre 1876.*)

Moschus, Pindare et Théocrite, non loin des dignes prédécesseurs du doux poëte des *Bucoliques* : Catulle, Tibulle et Properce ; le Virgile Elzévir de 1636, et le Lucrèce traduit par Lagrange, en 1768 ; Horace, en vingt-cinq éditions! Ovide, Juvénal, Perse et Lucain ; Quintilien, Cicéron et Démosthène ; la *Mesnagerie de Xénophon*, aux armes de M. de Thou ; la collection des poëtes français de Coustelier, comprenant les œuvres de Guillaume Cretin, de Jean Marot, Coquillart, Martial d'Auvergne et Villon ; le *Démon travesty, découvert et confus* (1673), et le *Faut mourir* (1693), deux poëmes de Jacques Jacques, offerts par l'excellent bibliophile Jacob ; les *Douze Pairs*, édition Paulin Pâris ; les *Quinze Joyes de mariage* (1734); le Clément Marot de 1538, le Joachim Du Bellay de 1568, le Bertaut de 1620, et Baïf, et Philippe Desportes, et Ronsard! N'oublions pas le Regnier de 1652, qui a successivement appartenu à Nodier, à M. Guilbert de Pixérécourt, l'auteur du vers fameux :

Un livre est un ami qui ne change jamais !

puis à M. Cigongne, et enfin au duc d'Au-
male, lequel en a fait don à Jules Janin, pour
le bien remercier d'un exemplaire de son
Horace.

Un peu plus loin, derrière ces glaces
éblouissantes, à côté d'un splendide Rabelais,
voici Henri Estienne, la *Satyre Ménippée,* et
le Montaigne de 1580, le *Bonaventure Des-*
perriers, de Jean Detournes (1544), et les
Cent Nouvelles nouvelles, de 1701. Les *Contes*
de La Fontaine, édition des Fermiers généraux,
tiennent compagnie au *Décaméron* (1558) et à
l'*Heptaméron* (1559). Après avoir admiré ce
Despréaux Elzévir, relié par Thouvenin, et
placé, à portée de la main, tout auprès des
Oraisons funèbres, inclinons-nous devant Corneille, Molière, Racine, La Rochefoucauld,
La Bruyère, Pascal et Massillon. Saluons aussi
ces célèbres épistoliers : Guy Patin, Balzac,
Voiture, et, surtout, l'inimitable marquise de
Sévigné!... Que de merveilles! Le Plutarque,
imprimé par Vascosan (1567-74), et relié par
Derôme, les poésies de Charles d'Orléans, les
Marguerites de la Marguerite (1547), exem-

plaire donné par la reine Marie-Amélie ; Lope de Vega, Calderon, Shakespeare et Schiller ; le *Voyage sentimental, Gil Blas* et Beaumarchais ; *Paul et Virginie* et la *Chaumière indienne,* illustrés par Tony Johannot et Meissonier ; *Don Quichotte,* les *Contes* de Voltaire et *Manon Lescaut; Clarisse Harlowe,* avec vingt dessins originaux de Boucher ; *Daphnis et Chloé* (édition du Régent) ; le *Cabinet des Fées,* aux armes de Mesdames, tantes du Roi ; le *Cabinet satirique,* les *Chansons de Laborde,* dont les nombreuses gravures sont si justement célèbres, et cet antique *Missel,* chef-d'œuvre de patience et d'originalité naïve, sur lequel le peintre en miniature, après avoir fini son long travail, improvisait un distique latin traduit ainsi, librement, par l'ami du divin Horace :

> *Pour tant de peine et de labeur,*
> *Que ne puis-je avoir du Prieur*
> *La plus vieille bouteille,*
> *Et pour la boire, une beauté vermeille !*

Gardons - nous de dédaigner la tablette voisine ! Elle est toute remplie de l'esprit, de la grâce et de la gaieté du XVIIIe siècle : La Fare et Chaulieu, Dorat (avec les vignettes d'Eisen), Gentil Bernard et Gresset, Bertin, Léonard et Parny ! Ah ! les aimables enchanteurs, les joyeux compagnons, les élégants poëtes !... En tête des œuvres du chevalier de Bertin, reliées en maroquin vert, on lit ce *memento*, signé J. J. (délicieux spécimen des annotations que le maître se plaisait à écrire sur ses livres préférés) :

> *Aimer est un destin charmant :*
> *C'est un bonheur qui nous enivre*
> *Et qui produit l'enchantement.*
> *Avoir aimé, c'est ne plus vivre,*
> *Hélas ! c'est avoir acheté*
> *Cette accablante vérité,*
> *Que les serments sont un mensonge,*
> *Que l'amour trompe tôt ou tard,*
> *Que l'innocence est un grand art*
> *Et que le bonheur est un songe.*

Paul Lacroix (on le voit de reste) avait raison d'appeler son ami Janin *le bibliophile du cœur !*

Quelle variété ingénieuse dans la collection

splendide de cet amateur passionné! Des incunables, des Aldes, des Estiennes, des Elzévirs, des ouvrages à figures... Et, parmi les modernes, quel heureux choix! Que de trésors pour l'esprit et pour l'âme!... Toutes les illustrations contemporaines de bon aloi sont représentées, dans le cabinet du maître, par leurs œuvres imprimées sur des papiers de luxe, et notamment sur chine, avec addition, tantôt de dessins originaux, tantôt de portraits rarissimes et d'épreuves de gravures avant la lettre.

Un grand nombre de ces beaux volumes, sortis, pour la plupart, des presses de Claye, de Jouaust et de Louis Perrin, contiennent des dédicaces qui en augmentent encore la valeur. Ouvrons-en quelques-uns, presque au hasard. — Sur la première page d'un *Chateaubriand* princier, nous trouvons cette ligne cordiale :

A Monsieur Jules Janin, en souvenir de nos bonnes soirées.

FERDINAND D'ORLÉANS.

Sur un exemplaire de *Volupté*, Sainte-Beuve a écrit :

Envoi tardif au prince de la critique.

N'oublions pas de citer les derniers vers de François Ponsard. Le 20 mai 1867, il les écrivait, à Passy, en tête d'un exemplaire de ses œuvres complètes, destiné à son hôte si dévoué[1] :

A JULES JANIN.

Voici toute la famille
Qui s'en va chez son parrain :
Lucrèce se fait gentille
Pour lui plaire, et, bonne fille,
Quitte son grand air romain.

— Te souviens-tu, lui dit-elle,
De Reynaud, l'ami fidèle ?
O triste et doux souvenir,
Plein de douleurs et de charmes !
Je voudrais te réjouir,
Et je fais couler tes larmes.

Derrière elle sont les sœurs :
Agnès essaie un sourire ;

---

1. L'auteur de *Galilée* est mort (chez Jules Janin) le 8 juillet suivant.

Pénélope apprend à dire
Toute sorte de douceurs.

Lucile a sa belle robe,
Et, comme un petit lutin,
Se montre, puis se dérobe,
Et saute par le jardin.

Charlotte même minaude
Et tend à son cher J. J.
Sa noble joue encor chaude
Du soufflet qui la rougit :

— Conte-nous, dit-elle, comme
Bignon-Danton effaré
Est dans la peau du bonhomme
Un jour carrément entré.

Lydie accourt et l'embrasse,
S'écriant : C'est lui ! c'est lui !
J'ai retrouvé mon Horace ;
Je reconnais à sa grâce
Le traître qui m'avait fui.

Le bon parrain s'accoutume
Complaisamment à leurs jeux ;
L'une en Romain le costume,
Une autre lui prend sa plume,
L'autre tire ses cheveux ;

Et, tandis que, débonnaire,
Il rit ou gronde à demi,
Cette troupe téméraire
Répète : On peut tout lui faire ;
C'est notre plus vieil ami !

FR. PONSARD.

Gérard de Nerval, sur son *Voyage en Orient* (première édition), a noté, en termes énigmatiques, un joyeux souvenir de jeunesse :

A Jules Janin, mon vieil ami de la rue du Doyenné.

Histoire de lui rappeler l'incident de la femme du commissaire.

GÉRARD.

En tête d'un *Béranger* relié avec magnificence, et que l'illustre chansonnier avait emprunté pour l'examiner à loisir, on lit ces mots touchants adressés par le poëte à ses chansons :

Mes pauvres filles, retournez chez celui qui vous a si soigneusement accueillies. Voyez, malgré votre peu de mérite, comme il vous a splendidement habillées, vous qui, par habitude, courez les rues en si piètre parure. Ah ! remerciez le bon Janin, qui, sachant que votre vieux père n'avait pas le moyen de vous attifer si richement, s'est chargé des dépenses de votre toilette, et, malgré tant de gens intéressés à votre perte, a le courage de vous adopter et de vous défendre. Pareille générosité est rare aujourd'hui ! Tout républicain qu'on m'accuse d'être, assurez bien de ma gratitude le roi de la Critique.

BÉRANGER.

Mai 1855.

Mais comment énumérer toutes ces richesses?... Mentionnons du moins les autographes précieux : deux mille lettres, classées par Mme Janin, et plusieurs manuscrits originaux de pièces de théâtre, parmi lesquels on remarque le *Père prodigue*, d'Alexandre Dumas fils ; *Julie*, d'Octave Feuillet ; la *Ciguë*, d'Émile Augier ; l'*Honneur et l'Argent*, de François Ponsard ; un drame de Victor Séjour, un acte de l'auteur des *Trois Mousquetaires*, une comédie de Scribe et une scène de M. Ernest Legouvé *(Près d'un Berceau)*, écrite pour Mlle Delaporte.

Le possesseur de ces enviables raretés, songeant avec résignation à l'heure si cruelle où il lui faudrait se séparer de ses affections, abandonner soudain toutes ses joies, écrivait dans l'*Amour des Livres* (en 1866) ces lignes si poétiques et si touchantes :

..... Grâce à Dieu, les impatients attendront un demi-siècle les livres du chalet.

Une femme est là, jeune, vaillante et forte, qui gardera, par piété conjugale, honneur de son toit désert, ces historiens, ces poëtes, ces amis qui l'entourent, qui la célèbrent et l'honorent d'une tendresse paternelle. Ah! qu'elle soit longtemps la fidèle dépositaire et gardienne de ces grandes mémoires ; et quand la vieillesse, à son tour, appesantira cette main charmante, ô mon Dieu ! laissez-lui la force d'ouvrir encore cette humble fortune où revivra, pour un temps si court, le souvenir reconnaissant du fidèle écrivain qui l'entoura, comme il eût fait pour sa Reine, de dévouement, de reconnaissance et de tous ses respects[1] !

Terminons ce long chapitre par une courte anecdote inédite.

Un jour (le 15 avril 1855), Rachel, toute radieuse, fit invasion dans le cabinet de Jules Janin, et, lui remettant la liste glorieuse de ses représentations au Théâtre-Français, accompagnée de l'indication des recettes de chaque

---

1. Hélas ! ce vœu du maître n'a pas été exaucé. Mme Janin vient de mourir, à Passy, — le 8 août 1876, — dans sa 56e année, deux ans après son mari.

soir, elle s'écria, avec un beau geste royal et un accent parti du cœur :

Je dépose en vos mains mes titres de noblesse !

A quoi le critique répondit en souriant :

Soit, je conserverai vos parchemins, Altesse !

Nous avons feuilleté plus d'une fois ce luxueux et mignon volume, en tête duquel les deux vers que nous venons de mentionner ont été griffonnés, à l'encre bleue, par Janin lui-même.

Empruntons quelques curieux chiffres à cette plaquette unique :

Rachel débuta aux Français dans *Horace*, le 12 juin 1838; le théâtre encaissa la maigre somme de 753 fr. 05. Les quelques représentations de juin ne produisirent en totalité que 1,614 fr. 95 ! Le 3 septembre suivant, Jules Janin applaudit Rachel pour la première fois. Elle jouait *Andromaque*. Enthousiasmé, il publie aussitôt un grand article en l'honneur de l'incomparable artiste, alors complétement inconnue. Le lendemain du compte rendu des *Débats*, on donnait *Tancrède*, rue de Riche-

7

lieu, et le théâtre encaissait 2,048 fr. 10. La précédente recette s'était élevée seulement à 929 fr. 70.

Dans le mois où parut le premier feuilleton — qui fut suivi de beaucoup d'autres non moins chaleureux, — les recettes, pour les jours de tragédie, produisirent un total de 14,347 fr. 85. En décembre 1838 (trois mois après!) on obtenait, pour le même nombre de représentations, 50,987 fr. 85.

Et ce légitime succès est toujours allé en grandissant.

De tels chiffres sont pleins d'éloquence!

XI

Es travaux de l'infatigable écrivain, dont nous parcourions à l'instant les beaux livres, ont été heureusement récompensés. Le roi Louis-Philippe l'avait décoré en 1836; le voilà académicien. Ses légitimes désirs sont comblés. Depuis plus de trente ans [1], le logis hospitalier est animé par la bonté gracieuse d'une vaillante femme, fière de por-

---

1. Son mariage eut lieu le 16 octobre 1841. Il épousa la fille unique de M. le président Huet, maire d'Évreux, mort en 1873.

ter un nom justement glorieux, et qui entoure des soins les plus touchants ce mari qu'elle aime, qu'elle vénère, et dont elle est à la fois le collaborateur attentif et la Muse.

Il y a donc, dans ce gai chalet de Passy, le calme, la fortune, la renommée bien acquise, le travail, hôte assidu et constamment choyé... Hélas! revenons, il le faut, à la réalité douloureuse!... Naguère il y avait tout cela; mais la mort est venue, et, au milieu de cette vaste et attrayante pièce du rez-de-chaussée où le maître lisait et songeait l'été, s'interrompant si volontiers pour accueillir les visiteurs, nous avons vu une bière couverte de couronnes et entourée de cierges !

Le 19 juin 1874, à six heures du soir, Jules Janin (nous causions avec lui deux heures auparavant) s'est éteint subitement dans les bras de son fidèle serviteur François, qui le soignait avec tant de zèle intelligent. Sa dernière parole, adressée à sa chère femme, a été : « Je n'entends plus les oiseaux du jardin... » Ils l'avaient distrait et charmé si souvent!

Le matin des obsèques, Arsène Houssaye, profondément ému, s'écriait : « Le dernier adieu, je ne veux jamais le lui dire.

Pour ceux qui les aimaient, les morts vivent toujours ! »

Cela est vrai; et nous aussi nous reverrons, vivant dans notre souvenir attendri, ce ravissant écrivain, cet ami indulgent auprès duquel nous avons passé tant de douces heures. Étendu sur son lit funèbre, il semblait endormi. Un vague sourire restait sur ses lèvres pâlies, et les boucles de ses cheveux argentés s'éparpillaient encore sur l'oreiller, comme au moment de son réveil.

Non, nous ne voulons pas, nous non plus, croire à la séparation éternelle. Non! ce maître illustre et bienveillant ne nous a point quitté pour toujours. Nous entendons sa voix; nous lisons dans son regard si expressif, et nous pourrons travailler encore. Voici l'encre bleue, le porte-plume d'ivoire et les feuillets blancs disposés sur la table, en face des longues rangées de livres richement vêtus et près de la fenêtre grande ouverte.

Il est là, dans son vaste fauteuil vert, sou-

riant et paisible, passant sa main sur son front,
et il va dicter tout à l'heure. Parlera-t-il de
son cher Horace, ou de Diderot, ou de son
autre ami, Virgile? Ferons-nous un feuilleton,
ou bien allons-nous continuer le roman com-
mencé, — en suspendant de loin en loin notre
tâche pour babiller un instant, pour écouter
ensemble la chanson du bouvreuil, ou pour re-
garder un nuage pareil à une ouate légère qui
passe sur le fond bleu du ciel, au-dessus des pla-
tanes du petit jardin, si riant et si ombreux?...
Hélas! non : sa bouche est muette! Le séduisant causeur, naguère intarissable, ne sèmera
plus l'esprit et la grâce ainsi qu'un prodigue.
Plus de pensée dans ce large front, plus
d'éclair dans ces yeux, plus de voix, plus rien!
La Mort a franchi le seuil, implacable, et ce
corps est glacé, et cette âme généreuse soudain
s'est envolée!

Mais l'œuvre du maître nous reste. On aimera
à relire ces pages faciles et ingénieuses, pleines
de fantaisie, de fraîcheur et d'élégance.

L'homme de cœur ne sera pas plus oublié
que le charmeur inimitable. La confidente dé-

vouée de ce noble esprit a pieusement gardé
la mémoire du loyal compagnon de sa vie,
et ses amis se souviendront avec respect qu'elle
a été la joie, le conseil et la meilleure récompense du brillant écrivain que les délicats re-
gretteront toujours!

XII

E 22 juin (1874), — un *lundi !*—les funérailles de l'éminent critique eurent lieu en l'église Notre-Dame de Passy, à onze heures précises, avec une grande solennité. L'affluence était considérable. Tout le Paris ami des lettres avait voulu rendre un suprême hommage à ce doyen, à ce maître vénéré.

Il serait donc impossible de mentionner les célébrités qui se pressaient au convoi. L'Institut, l'Assemblée nationale, la littérature, la diplomatie, l'art et la science, l'armée et la marine,

la magistrature et le barreau, s'y trouvaient lar-
gement et dignement représentés.

En venant s'inscrire dès la veille, M. le comte
de Paris et M. le duc de Chartres avaient montré
qu'ils se souvenaient de la visite que Jules Janin
fit à la reine exilée, à Claremont.

Les cordons du poêle étaient tenus par
MM. Cuvillier-Fleury, l'amiral Darricau, Alexandre Dumas, Paul de Saint-Victor, le
premier président Alexandre et le baron Oscar
de Watteville, délégué du ministère de l'in-
struction publique. — Le cercueil, sur lequel
on voyait l'habit d'académicien et l'épée du
défunt, avait été en outre chargé, par des mains
pieuses, de deux énormes couronnes de roses
et de pensées, d'une gerbe d'immortelles et de
nombreux bouquets aux senteurs pénétrantes.

Après la cérémonie religieuse, le corps ayant
été transporté dans le jardin du presbytère,
tout rempli de fleurs et de frais ombrages,
M. Cuvillier-Fleury parla d'abord, au nom de
l'Académie française, en qualité de directeur, et
aussi en invoquant « une vieille et invariable
amitié ».

Nous empruntons à son discours, d'une haute éloquence, le beau passage suivant :

... Le *Journal des Débats,* qui avait confié à Jules Janin, dans son feuilleton, l'héritage des maîtres, et qui ne le lui a jamais repris, n'a pas eu, pendant quarante ans, à lui reprocher une seule défaillance. Il travaillait donc toujours, à jour fixe. Mais, pour Jules Janin, écrire, était-ce travailler ? La nature travaille-t-elle quand elle couvre de fleurs la prairie sous la tiède haleine du printemps? L'oiseau travaille-t-il quand il remplit de son chant mélodieux la profondeur des bois? *Neque laborant, neque nent,* a dit l'apôtre. Jules Janin a joui pendant presque toute sa vie de cette floraison spontanée et de cette germination féconde qui fait ressembler ses œuvres, même réunies en volumes, à ces produits fragiles et embaumés de nos jardins; — et aussi, quand la fatigue d'écrire est venue, quand la séve a tari, la mort n'était pas loin...

On l'avait appelé le prince des critiques. Il était mieux que prince : il était roi, roi de la littérature facile; et à la façon dont il défendit un jour son domaine menacé par un redoutable adversaire, il mérita d'y régner jusqu'à la fin de sa vie en maître souverain et triomphant. Grâce à ce double attrait d'une langue facile et d'une verve puissante, il aura eu ce privilége d'avoir été, comme critique, à la fois très-recherché et très-écouté, entraînant par la séduction de son style le lecteur, que retenait ensuite la sagacité prime-sautière de son jugement. Ce fut le secret de sa longue influence. A sa férule étaient attachés de joyeux grelots. Si elle attirait par le bruit, elle corrigeait souvent par la vive atteinte. Jules Janin ne croyait pas avoir charge d'âmes, mais il a toujours pris sa mission au sérieux. Il a eu des veines de sévérité qui rachetaient, aux yeux des vrais juges, ses périodes d'indulgence. Sa bonne humeur n'était pas banale ; sa rigueur ne s'obstinait pas

C'est dans ces alternatives parfois savantes qu'il a réussi. Il y mettait plus de calcul qu'on ne croyait. Un « amuseur » insouciant n'eût pas régné si longtemps dans ce grand milieu critique qu'on appelle Paris, cette capitale du goût et du labeur intelligent sous toutes ses formes, tant que le jour dure. — Le soir, l'activité se complète, parfois se corrompt, dans les plaisirs, les curiosités et les audaces de la littérature dramatique. A ce besoin d'émotions théâtrales, souvent aveugle, il faut un guide. La censure, quand elle existe, n'est qu'une garantie insuffisante, une garde de police devant la porte. La critique dramatique est le vrai recours contre les excès du théâtre. A Paris, elle est représentée par d'excellents juges, gens d'honneur et de talent. Sous la plume de Jules Janin elle a toujours fait son devoir. La répugnance qu'il éprouvait pour l'étalage parfois impudent des mœurs équivoques devant un public honnête avait fini par tourner chez lui en une sorte de vertueuse colère. Au fait, il avait compris que la critique est, à elle seule, une honorable et virile profession, qui pouvait suffire, et pour la vie, à la considération d'un homme de bien.

M. Louis Ratisbonne, ancien collaborateur de l'illustre *lundiste* au *Journal des Débats*, prononça ensuite de touchantes et poétiques paroles. Voici un fragment de cette chaleureuse improvisation, que M. Cuvillier-Fleury a si bien nommée *une belle ode!*

J'ai été le dernier ami auquel Jules Janin a serré la main une heure avant sa mort, et je remplis le vœu de la personne qui l'a le plus aimé dans ce monde; c'est mon excuse, c'est mon seul titre pour m'approcher de ce cercueil au milieu des illustrations qui l'entourent.

L'Académie, par une voix éloquente, a dit adieu au membre illustre qu'elle a perdu, qu'ont perdu les lettres françaises; laissez-moi dire encore adieu à Jules Janin, un adieu plus humble, mais plus douloureux, au nom de ses amis en deuil, de cette famille de son cœur qui a vécu dans son intimité, qui a éprouvé l'homme, qui l'a chéri et le chérira à jamais.

Jules Janin n'a senti que les belles passions, et il aimait la renommée. Son âme doit sourire à un cortège comme celui-ci, applaudissement final de sa belle vie. Je l'entendais dire naguère d'un homme en pleine gloire, grand serviteur de son pays, qu'il avait délivré de l'étranger et tiré de sa ruine : « Quel bel enterrement il aura! » Quel bel enterrement se préparait Jules Janin lui-même, simple écrivain, par la sympathie universelle qu'il avait su mériter et que nous voyons éclater aujourd'hui ! Quel retentissement les journaux ont.

donné soudain à cette funèbre nouvelle : Jules Janin est mort! et de quels regrets unanimes ils l'ont accompagné! Messieurs, on ne jalouse pas seulement les célébrités, on s'en lasse, et il y a des modes en littérature comme dans le reste. On a essayé à la fin de contester l'œuvre de Jules Janin et de miner sa renommée. Mais, si les détracteurs de l'écrivain avaient eu raison, pourquoi tant d'émotion devant sa mort? Si ce n'est l'éclat de son talent, c'est donc son caractère qui en est cause; si ce n'est pas son esprit, c'est son âme. Il faut choisir. C'est l'un et l'autre, c'est le talent et la bonté. Un journaliste célèbre écrivait ce matin : « Après un demi-siècle de discussion, de critique et de publicité, Jules Janin vient de quitter le monde sans y laisser un ennemi. »

Oui, il était bon. C'était une riche, généreuse et expansive nature. Il était dévoué et ardent en amitié, et c'est l'amitié aussi qui le pleure...

« Si Corneille avait vécu sous mon règne, je l'aurais fait prince, » s'écriait Napoléon Ier. Au plus beau temps de sa verte jeunesse littéraire, quand on s'arrachait ses prestigieux feuilletons du *Journal des Débats*, quelqu'un appela un jour Jules Janin le prince des critiques, et le nom lui est justement resté. Entendons bien : prince de la critique, non pas ministre de ses arrêts motivés, et souvent plus gourmés qu'infaillibles; non pas ministre, juge suprême, mais prince, c'est-à-dire écrivain de race, d'un goût naturel pour juger les œuvres de l'esprit, brillant, fringant, conquérant, vêtu de pourpre et de soie, et parfois d'air tissé, comme un prince de féerie, prodigue d'esprit, de grâce, de verve intarissable, de riches fantaisies, magnifique dans la louange, clément dans ses sévérités, toujours honnête, jamais vulgaire, un prince idéal, un *prince Charmant;* ce prince-là, il l'était, et il gardera sa couronne.

Mais ce Jules Janin, l'écrivain éblouissant et original, un maître vient de le louer devant vous; il sera honoré de toutes parts, et certes il tiendra sa place dans l'histoire des lettres françaises. C'est l'homme que nous pleurons, c'est le Jules Janin que ses amis seuls ont pu apprécier, ce cœur où n'est jamais entrée une goutte de fiel, si bon, si cordial, si sympathique, si simple, et je dirai si ingénu et si candide. C'est fini ; nous ne presserons plus ta main ouverte, maître et ami chéri ! Nous n'aurons plus la caresse de ton beau et bienveillant regard ! Nous ne l'entendrons plus s'envoler de tes lèvres, ton rire frais et sonore ! Il s'est évanoui avec ta chanson comme un chant d'oiseau de ton jardin. Mais ta chanson, à toi, laissera une trace. Elle plane au-dessus de ce cercueil où repose ton pauvre corps endolori, pendant que ton âme d'enfant et de poëte est remontée aux étoiles !

XIII

L E lendemain de cette imposante cérémonie, le corps fut transporté à
Évreux, pays natal de la famille de
Mme Janin; les parents et les intimes amis
de l'illustre académicien l'accompagnaient[1].

---

1. Voici leurs noms : M. Eugène Huet, avoué près le tribunal de
première instance de la Seine, oncle de Mme Janin; MM. Sébastien
Janin, Clément-Janin, J. Janin, capitaine d'artillerie ; Alfred Dard,
membres de la famille; et MM. l'amiral baron Darricau, Paul
Bapst, Louis Ratisbonne, le docteur Ménière, Delaroa, ancien
membre du conseil général de la Loire ; Davelouis, Chesnel,
Bourdin et A. Piedagnel. Le serviteur dévoué du grand critique,
François Salembier, avait accompli, lui aussi, le douloureux voyage.
M. Moore, l'excellent voisin des hôtes du chalet, était resté
auprès de Mme Janin.

A onze heures, le chapitre diocésain, le clergé de la cathédrale et celui de Saint-Taurin, M. le baron Sers, préfet du département, et toutes les autorités de la ville, reçurent en grande pompe, à la gare, la dépouille mortelle de l'auteur de tant d'œuvres charmantes.

Les obsèques, à Évreux comme à Paris, furent à la fois émouvantes et magnifiques[1]. Le cercueil du maître, entièrement couvert de couronnes et de guirlandes fleuries, était escorté par une députation d'élèves des hautes classes du lycée.

O jeunes gens, combien vous avez eu raison d'honorer ainsi celui qui a tant aimé la jeunesse et qui l'a célébrée d'une façon délicieuse! Dans ses plus ravissantes pages, il est parlé de ce printemps en fleur, de cette saison bénie de l'espérance et du rêve. Voici, vous disiez-vous sans doute, voici le fidèle compagnon d'Horace et de Virgile; accueillons-le avec respect, entourons-le : il a toujours été sincèrement notre ami !

---

1. Le 21 juillet 1874, un service solennel fut célébré dans l'église paroissiale de Saint-Étienne. Tous les fonctionnaires, toutes les notabilités du pays y assistèrent.

Quel doux et consolant spectacle (ô suprême récompense d'une vie consacrée au travail!) : une foule émue, recueillie, tous les habitants d'Évreux, pour ainsi dire, se trouvaient dans l'immense cortége, s'empressant de rendre hommage au prince de l'esprit et, en même temps, au cœur loyal qui venait, après tant d'années d'un glorieux labeur, chercher au milieu d'eux l'éternel repos. Ils l'ont reçu non-seulement comme un hôte éminent, mais comme un ami véritable!

Lorsque le corps arriva à la cathédrale (une merveille commencée au xi° siècle), les cloches sonnèrent à toute volée. L'émotion augmentait encore. Ce soleil éblouissant, ce paysage si pittoresque, ces chants religieux, cette fanfare, ces tambours battant aux champs, ces cloches si vibrantes, impressionnaient profondément les âmes.

A l'issue de la messe funèbre, chantée en faux-bourdon, tous les assistants se rendirent au cimetière, et M. le docteur Fortin, maire d'Évreux, prononça, les yeux pleins de larmes, d'éloquentes paroles, qui furent écoutées avec recueillement. Après lui, l'amiral Darricau, camarade d'enfance de Jules Janin, dit un touchant mot d'adieu, parti du cœur, au nom des amis du maître.

La bière fut déposée ensuite dans un caveau d'un style riche et sévère[1] ; en face de la sépulture d'Hippolyte Rigault, l'ancien confrère du grand critique si justement, si splendidement honoré à Paris et dans son beau pays d'adoption[2].

Le voilà donc loin du tourbillon, après tant de jours de pacifiques et légitimes triomphes. Comme on applaudissait naguère à sa verve brillante !... Désormais, les oiseaux du ciel chanteront aux alentours de sa tombe respectée ; les fleurs printanières lui offriront leurs parfums ; et, tout emperlés dès l'aube, leurs légers

---

1. Un admirable buste en bronze, œuvre d'Adam Salomon, couronne le monument.

2. Mme Jules Janin repose maintenant dans le tombeau de famille, à côté de son mari et de ses excellents parents, M. et Mme Huet.

pétales, s'éparpillant doucement au souffle de la brise, voltigeront sur ce spirituel rêveur, qui fut toujours épris de la jeunesse, de la bonté, des sentiers verdoyants, du soleil et des roses.

XIV

Tous les critiques ont tenu à rendre justice, en mainte circonstance, à leur illustre et vénéré confrère. Détachons quelques fleurons de cette glorieuse couronne.

Écoutez d'abord Sainte-Beuve, le prédécesseur de Jules Janin à l'Académie française. Nous butinons çà et là dans les *Lundis* :

M. Janin s'est fait un genre et une manière à part, et il a créé un feuilleton qui porte son cachet... Il a beaucoup demandé à la fantaisie, aux hasards de la rencontre, à tous les buissons du chemin : les buissons aussi lui ont beaucoup rendu. C'est un descriptif que M. Janin, qui vaut surtout par le bonheur et par les surprises du détail. Il s'est fait un style qui, dans ses bons jours et quand le soleil rit, est vif, gracieux, enlevé, fait de rien comme ces étoffes de gaze transparentes et légères que les anciens appelaient de l'*air tissé*. Ou encore ce style prompt, piquant, pétillant, servi à la minute, fait l'effet d'un sorbet mousseux et frais qu'on prendrait en été sous la treille... Et ne croyez pas que le bon sens manque à travers ces airs habituels de courir les champs et de battre les buissons... Quand M. Janin se mêle d'avoir du bon sens, il en a, et du meilleur, du plus franc.

... Jamais on n'a mieux parlé que lui de ces choses fugitives et rapides, qui pourtant ont été l'événement d'un jour, d'une heure, et qui ont vécu. Sur un brouillard du soir, sur un violoniste qui passe, sur une danseuse qui s'en va, sur une bouquetière qui meurt, il a écrit des pages délicieuses qui méritent d'être conservées... Il aime tant son métier et son art, il y est si bien dans son élément, que ce qui mettrait un autre hors de combat ne fait que le mettre, lui, plus en train et en haleine.

Un *frère du lundi,* auquel on doit des merveilles de style, Théophile Gautier, a ciselé en novembre 1871, dans la *Gazette de Paris,* un

profil séduisant et très-ressemblant de Jules
Janin :

   ... Comme la plupart des auteurs, à cette époque
précoce et de maturité prompte (1830), il eut son talent
tout de suite, et ses premiers coups furent des coups de
maître. On ne peut s'imaginer, aujourd'hui qu'on est
habitué à ce perpétuel miracle, quel effet produisit alors
ce style si neuf, si jeune, si pimpant, d'une harmonie
charmante, d'une fraîcheur de ton incomparable, ayant
sur la joue un velouté de pastel avivé d'une petite
mouche, avec son essaim de phrases légères, ailées,
voltigeant çà et là et comme au hasard, sous leur dra-
perie de gaze, mais se retrouvant toujours, en rappor-
tant des fleurs qui se rassemblaient d'elles-mêmes en
un bouquet éblouissant, diamanté de rosée, et répan-
dant les parfums les plus suaves.

Où va-t-il? se demandait-on avec cette inquiétude
bientôt rassurée qu'excitent les tours de force bien faits,
quand, au début d'un feuilleton, il partait d'un mélodrame ou d'un vaudeville à la poursuite d'un paradoxe,
d'une fantaisie ou d'un rêve, s'interrompant pour con-
ter une anecdote, pour courir après un papillon, laissant et reprenant son sujet, ouvrant, entre les crochets
d'une parenthèse, une perspective de riant paysage, une
fuite d'allée bleuâtre terminée par un jet d'eau ou une
statue, s'amusant comme un gamin à tirer des pétards
aux jambes du lecteur, et riant à pleine gorge du sou-
bresaut involontaire produit par la détonation ; mais
voici qu'en vagabondant, au détour d'un petit chemin,

il a rencontré l'idée qui se promenait. Il la regarde, il la trouve belle, et noble, et chaste. En tomber amoureux est l'affaire d'un instant ; il se monte, il s'échauffe, il se passionne ; le voilà devenu sérieux, éloquent, convaincu ; il défend avec une lyrique indignation d'honnêteté le beau, le bien, le vrai, — cette trinité morale qui n'a guère moins d'incrédules aujourd'hui que la trinité théologique. — C'est un sage, un philosophe, presque un prédicateur.

Il y a vingt ans, M. Sylvestre de Sacy, le savant académicien, conservateur de la bibliothèque Mazarine, jugeait en ces termes, dans le *Journal des Débats,* les deux premiers volumes de *l'Histoire de la Littérature dramatique :*

... Il faut savoir que pour composer ces feuilletons, dont l'apparence brillante et légère fait croire peut-être à ceux qui les lisent qu'il n'en coûte à leur auteur qu'une prodigieuse dépense d'esprit et de verve, M. Jules Janin travaille dix heures par jour, lit tout, apprend tout, et a le bonheur de ne retenir que ce qui peut féconder son imagination et fournir à son effrayante consommation d'idées et de style... Prenez presque tous ses feuilletons sur Molière ; ce sont des chefs-d'œuvre d'appréciation délicate, bien sentie et souvent éloquente. Je ne connais pas dans nos anciens critiques les plus vantés un morceau qui vaille certain feuilleton de M. Jules Janin sur le *Misanthrope*... Ce ne sont pas seulement les lettres et le bon goût qui ont trouvé en lui un énergique et infatigable défenseur. Il a défendu avec le même courage toutes les bonnes causes.

La *Gazette de France* a publié sur l'ami d'Horace un article dû à la plume éloquente et si autorisée de M. le comte Armand de Pontmartin. Le doux tableau d'intérieur que voici donnera une idée du ton général de cette admirable étude :

Janin eut le bonheur le plus exquis, le plus complet, qu'il ait jamais pu rêver ou souhaiter... Ce sourire et ce rayon qui éclairaient son style, il en vit le reflet sur une gracieuse figure. Il vit son aimable compagne s'incliner d'abord sur son épaule pour être sa première lectrice, puis aller au-devant de sa phrase rapide, et enfin s'emparer de la plume tremblante dans sa main malade, et écouter en elle-même ce qu'il se plaisait à lui dicter. Elle le complétait, elle l'animait, elle personnifiait à ses yeux l'émulation et la récompense. Elle était le mouvement et la vie de ce joli chalet de Passy qui a reçu tant d'illustres visites, entendu tant de fines causeries, provoqué tant de poétiques ou dramatiques confidences.

Un brillant poëte, qui est en même temps un critique ingénieux et convaincu, M. Théodore de Banville, a fort bien défini le feuilleton de Jules Janin :

... Ce fut la Poésie, longtemps opprimée et régentée par la Critique, prenant à la fin sa revanche, et absorbant la Critique, se substituant à elle. Oui, ce fut la Poésie, non pas, comme sa devancière, rendant des arrêts et les imposant, le bonnet carré sur le front et la férule à la main, mais, à son tour, faisant prévaloir sa pensée et son impression, à force de grâce, de sourires, d'enchantement, d'habileté à rendre la vérité attirante et aimable à entendre, si bien que ce fut en effet une longue, une invincible séduction, et qu'ayant encore leur main rougie et brisée par la palette du pédant, du maître d'école, les honnêtes gens s'étonnaient de sentir sur leurs lèvres et sur leur front soudainement rafraîchi le délicieux baiser de la Muse !

Écoutez à présent M. B. Jouvin, ce véritable gourmet littéraire, qui sait si bien apprécier les hommes et les choses :

... C'était le plus merveilleux des improvisateurs dans le tempérament d'un écrivain de race; il avait l'éloquence, mais il avait le style. Janin avait beaucoup étudié deux maîtres d'école absolument différents, mais de premier jet tous les deux : Mme de Sévigné et Diderot. En écrivant, il semblait les avoir sans cesse sous les yeux sans les rencontrer jamais sous sa plume, « en imitant toujours original ». Comme la marquise, il avait

des trouvailles de mots du pittoresque le plus heureux
et le moins prévu pour tout le monde, à commencer par
l'écrivain ; comme le philosophe, il cédait à des enthousiasmes ou à des colères d'un élan vraiment lyrique.
Qui ne se souvient de son beau feuilleton consacré au
roi Louis-Philippe devenu, après 1848, la facile proie de
pamphlétaires à images !

Le trait original et la forme légère qui firent la supé-
riorité du feuilletoniste badinant avec la critique, Janin
ne les emprunta à personne : il la trouva, cette forme,
tout armée à la légère dans les grâces de son esprit : il
n'eut point de maître en ce genre, auquel il donna ses
grandes entrées dans la prose française, et, comme son
talent n'était tiré qu'à un seul exemplaire, il n'a point
laissé d'école.

... « Ce jeune homme casse les vitres ! » s'écriaient,
en attestant la mémoire de Geoffroy, les vieux abonnés
des *Débats*. — « Eh ! laissez donc, messieurs ! » répon-
dait en chœur la jeunesse romantique, « il se contente
de les détacher avec le diamant de son style ! »

Prenons le fragment suivant à Arsène Houssaye, l'un des fidèles du chalet (Jules Janin
était le parrain de son fils, le jeune et savant
auteur de l'*Histoire d'Alcibiade*, et c'est même
l'éloge de ce livre qui a fait l'objet de son
dernier article) :

Étudiez de près l'*Ane mort* et le *Chemin de traverse*,

étudiez ses cent et un contes, ses mille et un feuilletons, vous reconnaîtrez que toute l'histoire intime du XIXe siècle est là, vivante par fragments, comme vous trouvez dans l'atelier d'un peintre de génie la créature humaine, de face, de profil, de trois quarts. On entre dans l'œuvre de Jules Janin comme dans un atelier : ici un fusain, là une gouache, plus loin une ébauche, çà et là de vivantes peintures qui ont l'âme, qui ont le regard, qui ont la parole. Et que de trouvailles inattendues ! — C'est un pastel effacé, mais souriant encore; c'est une eau-forte lumineuse; c'est une académie qui crie la vérité.

... Initiateur par excellence, il ne s'est pas trompé une seule fois sur l'or pur et sur la fausse monnaie des renommées contemporaines.

Il dit dans un de ses livres : « Je taillais les hautes futaies de ma fenêtre en lisant quelque chef-d'œuvre des anciens jours. »

Tout Janin est là; il cueillait l'heure présente tout en s'égarant dans l'heure passée

Paul de Saint-Victor, le grand coloriste, a tenu, lui aussi, à honneur de consacrer une belle page à l'ermite de Passy :

L'écrivain, chez Jules Janin, c'était l'homme. Il portait, dans ses livres et dans sa critique, non pas seulement son esprit, mais sa nature même... Je fais grand cas, sinon pour l'exactitude, du moins pour le style, de la traduction d'Horace qu'il mit tant d'années à polir et à ciseler. Elle rend admirablement, par endroits, la verve attique, la fleur de gaieté, le rire brillant de son inimitable modèle. Son originalité est justement dans sa liberté. Ce n'est point par des calques pénibles que Jules Janin ressaisit la couleur et la vie du texte, mais par des équivalents qui sont des trouvailles... Avec quel feu il a traduit les odes amoureuses ! On dirait les merveilleux petits bronzes du musée de Naples, jetés dans un nouveau moule ; ils en sortent divins comme devant. S'il était donné à quelqu'un d'aller à Tibur, c'était à cet esprit aimable et cultivé entre tous.

M. Édouard Fournier, cet érudit de bon aloi [1], a salué également avec une sympathique déférence l'auteur des *Petits Bonheurs :*

Il écrivait à toute volée, sans un livre ouvert devant lui, sans rien qui pût faire le moindre poids sur son aile de papillon, sur sa plume de colibri... Comme tout l'amusait, il s'amusa même de sa goutte. Un jour qu'elle le faisait un peu moins souffrir, il fit son éloge ! Je ne crois pas que, depuis Scarron, l'on ait vu un impotent plus gai. Rire de son mal, c'est s'en guérir ; telle était la philosophie dont il faisait sa médecine.

---

1. Jules Janin disait un jour, devant nous, à l'excellent éditeur Laplace, à propos d'un livre nouveau du critique de la *Patrie :* « Ce diable de Fournier, *il sait tout !* Il ne sait que ça, mais comme il le sait bien ! » Et il riait, sincèrement heureux de louer un savant confrère qu'il estimait fort.

Charles Monselet mêlait (le 8 février 1874)
sa note gracieuse et cordiale à ce concert :

Jules Janin ! tout ce qu'il y a au monde de gai, de
vif, de riant, de brillant, d'alerte, de jeune, d'incon-
scient, de spirituel, s'éveille à ce nom. Le facile talent
et l'heureuse existence !... Il est sur les hauteurs de Passy,
dans la rue de la Pompe[1], une habitation coquette
en forme de chalet, environnée de beaux et grands
arbres. C'est là que M. Jules Janin vit maintenant d'une
existence reposée et tout intime. A ceux qui viennent le
voir il montre avec orgueil une bibliothèque qui passe,
avec raison, pour une des plus riches de notre époque.
Ses auteurs favoris, revêtus de somptueuses reliures, —
Horace en tête, Horace dans toutes les langues, Horace
dans toutes les éditions, Horace sur tous les papiers, —
lui font oublier parfois sa goutte opiniâtre ; il trompe sa
douleur avec une ode ; ses lèvres, qui s'ouvraient pour
la plainte, ont murmuré une citation.

M. Barbey d'Aurevilly, le célèbre critique
du *Constitutionnel,* parlant de Jules Janin, à

---

1. Cette rue honorée et tranquille, où si longtemps a rêvé et
travaillé l'ami du poëte de Tibur, pourquoi ne l'appellerait-on
pas désormais *rue Jules Janin ?*

La ville de Saint-Étienne, justement fière de compter le « prince
des critiques » au nombre de ses enfants, a donné son nom,
en 1873, à l'un de ses principaux boulevards.

A. P.

propos de la *Fin d'un Monde et du Neveu de
Rameau,* s'écriait un jour avec chaleur :

C'est Diderot, et c'est plus que Diderot ! Il en a la
verve enragée, mais bien plus soutenue ; la bonhomie
charmante, mais non plus si bourgeoise et tout autant
bonhomie. Il en a la langue immense, enthousiaste, éloquente, lyrique, à rires sonores, à larges larmes, l'en-
gueulement sublime du cabaret, la gouaille à écuellées,
les gros mots hardis qui n'ont peur de rien, quand il
s'agit d'être remuant et pittoresque, le gros sel, le sel
bourguignon qu'il jette à poignées, d'ici, de là, mais
plus cristallisé, plus diamanté, et qui, en salant tout
autant, étincelle davantage ! Il en a, en deux mots, tout
cet esprit vivant et cordial et qu'on aime, quand on est
Gaulois ou même Franc, mais il l'a poussé presque de
l'ampleur étoffée de Diderot jusqu'au grandiose de
Rabelais, avec le dictionnaire accumulé et splendide du
XIXe siècle [1] !

Nous empruntons ce qui suit à un ravissant
feuilleton de M. Louis Ulbach :

... Sainte-Beuve a dit, à propos de Nestor Roque-
plan, son camarade, dont il appréciait l'esprit si délicat
et si parisien : « Il embarque de la poudre d'or dans
des coquilles de noix. »
Jules Janin fut l'amiral d'une flotte composée de ces

---

1. Les *Œuvres et les Hommes,* 4e partie. 1 vol. (1865.)

précieux esquifs. Tous n'arriveront pas au port, mais le plus grand nombre abordera, et l'on peut répéter à ces nefs légères, lestées d'esprit, le vœu d'Horace, traduit et médité par Jules Janin :

Sic te diva potens Cypri
Sic frater Helenæ lucida sidera
Ventorumque regat pater...

Oui, quelque chose de cet improvisateur hebdomadaire surnagera sous le souffle des astres cléments, et la postérité connaîtra cette poudre d'or, qu'en thésaurisant un peu, l'auteur de la *Fin d'un Monde* pouvait réduire et fondre en un lingot. Il aima mieux se répandre que se recueillir ; il fait partie désormais comme essence, comme arome subtil, de l'atmosphère même de l'esprit français au XIXe siècle.

Dans un des meilleurs chapitres de son ouvrage fort intéressant : *La Libre Parole*, M. Jules Claretie a enregistré cette remarque dont nous avons pu tant de fois constater l'exactitude :

Ceux qui ont lu les livres et les feuilletons de Janin ne le connaissent qu'à demi. Il faut le voir, il faut l'entendre. Il cause volontiers, et beaucoup, comme les gens qui savent causer. Il parle assez souvent de lui, mais le plus souvent de ceux qu'il aime. Jules Janin a un grand mérite. Quoi qu'on en ait pu dire, *il sait admirer*. Lorsque les noms amis viennent sur le tapis, Horace, Diderot, Richardson ou Victor Hugo, par exemple, il s'anime, il s'échauffe, il parle, il entasse arguments, preuves, jugements, anecdotes, défend son homme, attaque ses rivaux, les pique, les harcèle, lance ses pointes acérées avec une rapidité et une vigueur éloquentes, vous éblouit, vous fascine, vous entraîne.

Au sujet du brillant feuilletoniste, M. Albert de la Fizelière, rédacteur de l'*Opinion nationale*, a dit très-justement :

Dans notre monde actuel, où tant de compétitions malsaines divisent les hommes, où tant d'ambitions avides font de la concurrence une bagarre et des rivalités une bataille, Jules Janin fut uniquement un homme de lettres; plus qu'un homme de lettres : il fut l'homme de lettres même; le type complet, absolu de l'artiste, de l'inventeur qui consacre sa vie, son art, ses labeurs et son invention à la profession littéraire.

C'est un éternel honneur pour sa mémoire d'avoir été en passe d'atteindre aux plus hautes situations qui caressent l'orgueil et flattent les besoins des avides, et d'être resté, par haute raison autant que par goût, l'éclatant écrivain qu'il était devenu.

Sept ou huit mois avant la mort de Jules Janin, Alphonse Karr lui rappelait, en notre présence, un fait datant de longues années, et qui permet de juger à quel point le cœur du critique était bon. Voici cette délicieuse anecdote; elle a paru dans les *Guêpes* de 1840 :

Gatayes est allé voir Janin et il l'a trouvé fort embarrassé. Il y a quelques années, Janin s'est intéressé à une pauvre vieille femme qu'il a rencontrée dans la rue. Il l'a fait entrer dans un hospice, où elle se trouve fort heureuse. La veille, elle avait été malade, et, ce jour-là, se trouvant mieux, elle s'était dit : « Il ne faut pas que je meure sans avoir vu M. Janin. » Elle s'était fait accompagner par une femme de la maison, — et, à petits pas chancelants, — elle était arrivée à la rue de Vaugirard. — Là, je ne sais comment, elle avait réussi à monter les étages, — peut-être a-t-elle mis deux heures ; — mais enfin elle est arrivée. — Janin l'a reçue de son mieux, — il a déjeuné avec elle et avec Théodose Burette, — Théodose Burette, savant et homme d'esprit, est le Gatayes de Janin, — il a glissé de l'argent dans la poche de la vieille, — il a été simple et bon, — il lui a parlé du régime de l'hospice, — il l'a écoutée avec intérêt, — il a retrouvé, pour accueillir cette pauvre femme, — tous ces soins affectueux qu'il garde au fond du cœur depuis qu'il a perdu sa chère vieille tante.

« Allons, ma bonne, lui dit-il, Théodose et moi nous irons vous voir; — il ne faut pas vous fatiguer ainsi à venir ; je suis jeune, moi, j'irai là-bas. »

Tout cela était fort bien; — mais la bonne vieille avait épuisé tout le reste de ses forces pour arriver à l'aire du farouche critique. — Quand il fallut descendre l'escalier, ses pauvres vieux genoux fléchirent; en vain Janin, d'un côté, Théodose Burette, de l'autre, voulurent la soutenir : impossible de descendre. — A ce moment, Gatayes arriva, et on lui expliqua la situation. « Parbleu! dit-il, il faut descendre la vieille sur un fauteuil que nous porterons. »

L'idée est adoptée : — on place la vieille sur un fauteuil, — Gatayes prend les pieds de devant, — Janin et Burette le dossier, et on descend un peu haletant :

« Allez, — allez, — la bonne, — disait Burette, il n'y a pas beaucoup de reines qui aient un attelage comme le vôtre. »

On lira avec émotion ces lignes tracées par M. Henri de Lapommeraye, dans le *Bien public*, à l'occasion de la retraite du maître :

Que vous importe l'ingratitude de ceux que vous avez honorés de votre critique ou de votre admiration? Vous vous plaignez de leur oubli, et, à la fin de votre *Histoire de la Littérature dramatique*, vous avouez votre chagrin de les sentir si indifférents pour ces feuilletons qui ont fixé le souvenir — si vite effacé sans vous! — de leurs célébrités éphémères! Allons donc, disciple et commensal d'Horace, ayez plus de douce philosophie! Ils n'étaient que des instruments plus ou moins utiles du

progrès artistique et moral; vous vous êtes servi d'eux
pour dire et faire de belles et bonnes choses : ne leur
demandez rien; vous êtes quittes! Mais c'est à nous, les
nouveaux venus, à vous payer le tribut de reconnaissance qui vous est dû, pour avoir continué la tradition
des enthousiasmes généreux, des nobles protections et
des amours fécondes pour tout ce qui est élevé, vrai,
bien et beau.

Il nous a semblé intéressant de reproduire ici
ces appréciations sincères, et même nous regret-
tons bien vivement de ne pouvoir en donner
que de courts fragments, et d'être forcé d'omettre
la plupart des témoignages contemporains.

De telles citations, sans parti pris, ont surtout l'avantage d'éclairer et de fixer le lecteur;
en même temps elles servent à rendre un hommage éclatant et légitime à un véritable écrivain. — Et si l'on nous parle des défauts de
l'auteur du *Talisman*, il sera facile de répondre.
De quoi l'accuse-t-on, en effet? D'avoir trop
produit, d'avoir été incessamment prodigue de
ses trésors d'imagination, de grâce et de style?
Quel adorable reproche! et si rare! Trop de
séve, trop de broderies légères, trop de verve
brillante, trop de passion pour l'école buisson-

nière en des sentiers charmants, tour à tour pleins d'ombre et de soleil? Eh bien, mais il est aisé de remédier à tout cela. Que d'une main impartiale et délicate on fasse quelque jour un choix parmi ces pages touffues, débordantes de jeunesse, parsemées de phrases opulentes; que l'on élague cette forêt littéraire, où abondent et s'enchevêtrent les lianes luxuriantes, mais aussi où l'on rencontre, presque à chaque pas, des fleurs étoilées et de suaves parfums, et nous aurons à coup sûr des volumes riches en exquises merveilles.

M. de Sacy disait naguère, très-judicieusement et avec une grande autorité :

Que je souhaiterais à bien des gens ce que **M.** Jules Janin a de trop!... **O** vous qui vous sentez l'esprit stérile et la veine à sec, si cette prose resplendissante ne vous dit rien, n'échauffe pas votre imagination, jetez la plume : vous n'écrirez jamais !

XV

N ous ne saurions mieux terminer cette nouvelle édition qu'en parlant du suprême hommage rendu à Jules Janin, par l'un de ses anciens collaborateurs au *Journal des Débats*, M. John Lemoinne, devenu son digne successeur à l'Académie française.

Le jeudi 2 mars 1876, à deux heures, a eu lieu la réception du célèbre journaliste, assisté de MM. Mignet et Sylvestre de Sacy, ses parrains.

La séance était présidée par M. Cuvillier-

Fleury, directeur de l'Académie ; M. de Lomé-
nie, chancelier, et M. Camille Doucet, en
qualité de secrétaire perpétuel, avaient pris
place à ses côtés.

Un intelligent auditoire se pressait sous la
coupole du palais Mazarin. En voyant cette
foule si recueillie, qui, longtemps avant le
moment indiqué, remplissait déjà la salle des
réunions publiques de l'Institut, nous nous
sommes rappelé, avec une émotion profonde,
le jour où l'ami d'Horace, rayonnant d'une
joie qu'il ne songeait guère à dissimuler,
occupa, pour la première fois, le fauteuil
qu'il avait si légitimement ambitionné !

Combien son clair regard était sympathique !
quel bon sourire illuminait sa tête neigeuse
et bouclée !.. et pourtant, il nous en souvient, la goutte, son terrible tyran, ne lui
avait pas donné congé en ce jour de soleil.
Mais qu'importait cela ! Il était plus fort que
la souffrance ; il l'eût même raillée volontiers,
puisque le rêve de toute sa vie laborieuse s'ac-
complissait enfin.

Les collègues de l'heureux lundiste, en signe

de bienvenue, lui serraient cordialement la main, — une petite main de prélat, blanche et potelée, dont il était à bon droit un peu fier, et que la goutte elle-même avait respectée. La statue de Fénelon, l'un de ses illustres prédécesseurs[1], et celle de ce grand Bossuet qu'il admirait tant, semblaient s'animer pour lui faire accueil; les princes d'Orléans souriaient à ce fidèle ami de leur maison; l'auditoire, sincèrement reconnaissant des plaisirs délicats que lui avait si souvent donnés l'éminent écrivain, ne se lassait pas de l'applaudir, se réjouissant de voir rendre pleine justice à un vrai lettré. Dans l'ombre d'une tribune, — entourée de sa famille, hélas! aujourd'hui disparue presque en entier, — la compagne des travaux du maître, les yeux mouillés de douces larmes, jouissait elle aussi de ce pur triomphe.

Le nouvel académicien, tout ravi, jetait par instants un rapide regard sur cet habit à palmes vertes, qu'il ne devait porter qu'un jour!

---

1. L'auteur de *Télémaque* fut appelé, en 1693, à prendre possession du septième fauteuil académique, où Jules Janin vint s'assoir, à son tour, environ deux siècles plus tard.

(car il ne put jamais retourner à l'Académie) et, en même temps, sur son épée officielle, — véritable objet de luxe, à coup sûr, dans le costume de ce critique bienveillant dont l'arme loyale fut toujours une plume étincelante et légère !

On nous pardonnera facilement d'avoir évoqué ces souvenirs du 9 novembre 1871. Nous revenons, d'ailleurs, à la séance du 2 mars 1876, si remarquable à tous égards.

L'éloge solennel de Jules Janin a été prononcé par le récipiendaire, et ensuite par M. Cuvillier-Fleury (qui, devant le cercueil du grand écrivain, avait noblement exprimé déjà les vifs regrets de l'Académie). Les deux orateurs ont célébré, avec une éloquente conviction, la grâce, l'esprit et la bonté du maître, et les applaudissements de l'assemblée sont venus prouver combien cette louange chaleureuse et méritée trouvait d'écho dans tous les cœurs.

Voici en quels termes excellents M. John Lemoinne a parlé des prestigieux *lundis* de Jules Janin :

Son premier feuilleton fut plus qu'un coup de théâtre ;
ce fut un coup de tonnerre éclatant dans les régions
jusqu'alors paisibles, uniformes, un peu monotones de
la critique. Ce fut une irruption, une invasion, une
révolution ; ce fut le feuilleton qui prit la place du
théâtre, qui s'empara de la scène et devint lui-même
le drame ou la comédie. Jusqu'alors la critique, humble
servante de n'importe quelle œuvre, bonne ou mauvaise, se bornait à faire l'analyse de la pièce.

M. Janin cassa cette chaîne que ne pouvait porter un
esprit indépendant, volontaire et prime-sautier comme le
sien. Il changea tout cela ; il trouva et créa un genre,
qui fut de ne pas faire l'analyse de ce qui n'en valait pas
la peine, et, même en prenant pour point de départ le
titre d'un méchant vaudeville ou d'un infime mélodrame, de lancer sur ses lecteurs éblouis le plus inat-
tendu des feux d'artifice.

... Il était, quand il le fallait, un vrai critique, un critique aigu, acéré ; il avait un don supérieur de discer-
nement, de triage ; il découvrait d'un coup d'œil ce qu'il
fallait élaguer, ce qu'il fallait conserver ; il avait ce qu'on
pourrait appeler un admirable diagnostic. Non-seulement il avait inventé un genre de critique, mais encore,
comme pourraient l'attester de célèbres exemples, il a su
trouver, découvrir des poëtes, des acteurs, des actrices ;
il a su les voir, les saluer à leur naissance, les soutenir
dans les premiers pas difficiles, et c'était le plus grand de
ses bonheurs que cette première protection donnée à des
talents qui, sans lui peut-être, seraient restés inconnus
ou se seraient ignorés eux-mêmes.

Je ne chercherai point à ranger M. Jules Janin dans telle ou telle école. Il n'était d'aucune. Il était original. Jamais on n'a pu appliquer mieux qu'à lui le mot : « Le style est l'homme même. » En lui, l'homme, c'était le feuilleton. Il avait créé un genre, mais non une école; il n'a jamais fait et ne fera jamais d'élèves.

Dans sa brillante réponse, M. Cuvillier-Fleury, après avoir retracé d'une façon magistrale l'histoire du journalisme, et loué énergiquement les utiles et incessants travaux ainsi que le caractère élevé de M. John Lemoinne, a su peindre, lui aussi, avec un grand bonheur d'expressions, la physionomie mobile et séduisante du traducteur d'Horace :

… Il appartenait à ce limpide courant des esprits naturels, prime-sautiers, faciles, qui a de tout temps coulé sur la terre de France, comme pour ajouter à ce limon vigoureux dont l'intelligence française est formée,

Queis meliore luto finxit præcordia Titan,

ses sables dorés et ses eaux jaillissantes. C'est à ce signe de race qu'il a été reconnu presque au début de sa carrière, accueilli, applaudi et fêté, même dans le plus hasardeux de ses essais. Les peuples aiment ce qui leur ressemble, comme les pères se reconnaissent volontiers, même avec leurs défauts, dans leurs enfants; Rabelais,

Saint-Évremont, Bussy-Rabutin, Diderot, Duclos, Voltaire (dans ses lettres familières qui sont d'incomparables feuilletons), quelque différents que soient les degrés où le jugement public a placé ces écrivains, sont tous fils du génie français; et quoiqu'il ne soit pas prudent de hasarder en une telle compagnie une renommée encore si jeune pour l'avenir, M. Janin, s'il n'était pas un aîné dans cette famille de race gauloise, pouvait sembler un de leurs frères, le dernier venu du même sang.

... Jamais écrivain n'a paru moins asservi à son œuvre, même en ne l'interrompant jamais.

... Si quelque événement politique prenait la forme d'une tragédie, n'eût-elle qu'un acte, si le malheur entrait dans une maison royale par la porte que Dieu avait ouverte, ou qu'avait enfoncée l'émeute, son âme s'élevait à une pathétique hauteur, son accent s'attendrissait, ses larmes coulaient. Il n'était plus ni poëte, ni conteur, ni critique, mais un moraliste profondément touché des misères et des crimes de l'humanité.

C'est ainsi qu'il avait pleuré le duc d'Orléans, brisé, comme autrefois le Germanicus de Tacite, « dans la fleur de son âge et de sa popularité! » Ainsi avait-il regretté cette royauté libérale, qui n'avait reçu ses hommages que tombée et déchue! Ainsi avait-il voué une sorte de culte à la reine Marie-Amélie, qu'il était allé saluer dans son exil, sur un de ces degrés de l'épreuve humaine qui la conduisaient lentement jusqu'au ciel.

Ce sont là de justes et précieux éloges, à

coup sûr! Nous les avons écoutés avec une émotion pieuse; nous les reproduisons avec joie.

Notre travail est achevé maintenant.

La sincérité de ces pages les a rendues sympathiques; nous les dédions à tous les amis, à tous les admirateurs du fécond et ravissant écrivain dont un bon juge a dit si poétiquement : « Il restera toujours un rayon sur son nom, autour de sa mémoire un vol d'abeilles murmurantes : ce souvenir de grâce et de charme qui est le sourire de la renommée. »

BIBLIOGRAPHIE

DES

ŒUVRES DE JULES JANIN

BIBLIOGRAPHIE

DES

ŒUVRES DE JULES JANIN[1]

L'Ane mort et la Femme guillotinée, roman
(sans nom d'auteur). Chez Baudouin, à Paris, (2 mai)
1829. 2 vol. in-12.

Deuxième édition (sans nom d'auteur), avec un frontispice et une gravure,
par Alfred Johannot. Paris, imprimerie de J. Didot; Delangle frères, éditeurs, 1830. In-18. En vente le 12 décembre 1829.

Troisième édition (signée), avec une gravure. Paris, chez Levavasseur
et chez Alex. Mesnier, 1832. 2 vol. in-12.

Nouvelle édition (4e), revue et corrigée. Paris, chez A. Dupont. 1837.
In-8.

Aucune bibliographie des productions de J. Janin n'existant avant
celle-ci, nous avons fait des recherches minutieuses, afin de rendre notre
travail aussi complet que possible.   A. P.

Cinquième édition, avec une gravure. Paris, Delloye, 1841. In-18.

Sixième édition, avec un portrait de l'auteur, gravé sur acier par Revel, et 140 vignettes par Tony Johannot. Paris, Ernest Bourdin, 1841-42. In-8º (Intitulée simplement l'*Ane mort* et publiée par livraisons).

Septième édition, avec dessins sur bois. Édition populaire : les *Veillées littéraires illustrées.* Paris, Bry, 1850. 2 livraisons in-4º.

Huitième édition. Paris, rue des Bons-Enfants, 28. 1853. In-16.

Neuvième édition. Paris, A. Delahays, 1858. In-16.

Dixième édition. Paris, Michel Lévy frères, 1860. In-12.

Onzième édition. Paris, Delahays, 1860. In-16.

Douzième édition. Paris, Delahays, 1861. In-16.

Treizième édition (édition populaire). Paris, imprimerie Noblet, 1864. Livraison in-4º.

Quatorzième édition. Paris, Michel Lévy frères, 1865. Gr. in-18.

Quinzième édition, avec vignette à l'eau-forte par Ed. Hédouin. Paris, Librairie des bibliophiles (Jouaust), 1876. In-18 jésus. Voir les *Œuvres diverses,* à la fin de cette bibliographie.

CHOIX DE POÉSIES CONTEMPORAINES, précédées d'une Histoire de la poésie moderne. A Paris, rue Férou, 28; 1829. In-18.

FABLES DE LA FONTAINE, précédées d'un Essai sur la vie et les ouvrages de La Fontaine, par M. Jules Janin. Paris, 1829.

TABLEAUX ANECDOTIQUES DE LA LITTÉRATURE FRAN-ÇAISE, DEPUIS FRANÇOIS Iᵉʳ JUSQU'A NOS JOURS. A Paris, rue Férou, 28; 1829. In-18.

STERNE ET MACKENZIE. (Morceaux choisis et traduits par M. E. Henrion), avec une Notice sur chaque auteur, par M. J. Janin. A Paris, rue Férou, 28; chez Méqui-gnon-Havard et chez Bricon; 1829. In-18.

LA CONFESSION, roman, « par l'auteur de l'*Ane mort et la Femme guillotinée* ». Paris, chez Mesnier, 1830. 2 vol. in-12, avec planche.

Deuxième édition. Paris, chez Mesnier. 1830. 2 vol. in-12.

Nouvelle édition (3ᵉ). Paris Michel Lévy frères, 1861. In-18.

BARNAVE, roman (signé). Paris, chez Alexandre Mesnier, 1831. 4 vol. in-12.

Deuxième édition. Paris, Levavasseur et Mesnier, 1831. 4 vol. in-12.

Nouvelle édition. Paris, Michel Lévy frères, 1860. In-18.

DEBUREAU. *Histoire du Théâtre à quatre sous, pour faire suite à l'histoire du Théâtre-Français.* Paris, chez Gosselin, (29 septembre) 1832. In-8, avec 3 planches.

Cette édition, donnée comme *la première*, n'a été en réalité imprimée qu'après *la seconde*, et sur sa composition remaniée. Une note, qu'on lit sur la couverture, annonce que l'édition in-8° n'a été tirée qu'à 25 exemplaires. Un de ces exemplaires est sur vélin, 12 sont sur papiers de différentes couleurs, 12 sur papier blanc. Les exemplaires du dépôt légal ne portent aucun numéro.

Ce livre est orné de vignettes gravées sur bois par Porret et Cherrier, d'après les dessins de Chenavard, Tony Johannot et Bouquet[1].

Deuxième édition. Paris, Ch. Gosselin, 1832. 2 vol. in-12.

Troisième édition. Paris, Ch. Gosselin, 1833. 2 vol. in-12.

CONTES FANTASTIQUES ET CONTES LITTÉRAIRES. A Paris, chez Levavasseur et chez Alexandre Mesnier, 1832. 4 vol. in-12.

Nouvelle édition (revue). Paris, Michel Lévy, 1863. In-18.

PARIS, ou le *Livre des Cent et un.* A Paris, chez Ladvocat, libraire de S. A. R. le duc d'Orléans, 1832. 15 vol. in-8. (*Asmodée, l'Abbé Chatel et son église,* les *Petits Métiers,* le *Marchand de chiens, Nécrologie des Cent et un,* par Jules Janin.)

CONTES NOUVEAUX. A Paris, chez Levavasseur et chez Mesnier, (19 janvier) 1833. 4 vol. in-12.

VERT ET BLANC. Morceaux inédits de littérature (par J. Janin, etc.). Paris, imp. et libr. Dentu, 1834. In-12.

TROIS ROMANCES FAVORITES DE BOÏELDIEU, suivies

---

1. Un exemplaire unique sur papier jonquille a été payé 60 francs à la vente Pixérécourt; d'après Brunet, le volume imprimé sur vélin a été adjugé, pour le même prix, à la vente Bertin (février 1854).

d'une Notice sur sa vie, par M. Jules Janin. A Paris, rue Rameau, 6 ; 1834. In-4, d'une feuille et demie.

COURS SUR L'HISTOIRE DU JOURNAL EN FRANCE, Paris, 1834. In-8.

ROMANS, CONTES ET NOUVELLES LITTÉRAIRES. Histoire de la Littérature et de la Poésie chez tous les peuples. Première série : *L'Orient.*

Tome I. — *Les Arabes : Voyage de Victor Ogier en Orient.* A Strasbourg, chez Levrault, et à Paris, rue de la Harpe, 81 ; 1834. In-12.

Tome II. — *Les Indous et les Persans : Les Fils du rajah ;* 1834.

Ce volume contient une imitation du drame de Sakontala.

Tome III. — *Les Chinois : Han-Wen le lettré ;* 1834.

Deuxième série : *La Grèce.*

Tome I. — *Homère, ou la Poésie épique ;* 1835.

Tomes II et III. — *L'Enfance et la Jeunesse de Lysis ;* 1835.

On trouve dans le tome III l'*Électre* d'Euripide et les *Harangueuses* d'Aristophane.

CHOIX DE SOIXANTE ROSES, par P. J. Redouté, publié en 15 livraisons. Dédicace à S. M. la Reine des Belges. Introduction signée *Jules Janin.* A Paris, chez l'auteur, rue de Seine, 6 ; 1836. In-4 (une feuille et 4 planches, par livraison du prix de 12 fr.).

LE CHEMIN DE TRAVERSE, roman. A Paris, chez Ambroise Dupont, 1836. 2 vol. in-8.

Deuxième édition, entièrement revue et corrigée, plus un portrait. A Paris, chez Ambroise Dupont, 1836. 2 vol. in-8°.

Les faux titres et titres sont sur papier plus blanc que le reste de l'ouvrage.

Nouvelle édition (3e), entièrement revue et corrigée. Paris, chez Chapelle, 1841. In-8º.

Nouvelle édition (4e). Paris, Michel Lévy frères, 1859. In-18.

Nouvelle édition (5e). Paris, Michel Lévy, 1874. In-18.

DODÉCATON, ou le *Livre des douze* (en collaboration avec Alfred de Musset, Alfred de Vigny, George Sand, Mérimée, Loëve-Veimars, Léon Gozlan, Émile Souvestre, Alexandre Dumas, Stendhal, Dufougeray et un anonyme). A Paris, chez Magen, 1836. 2 vol. in-8.

UN CŒUR POUR DEUX AMOURS, roman. A Paris, chez A. Dupont, 1837. In-8.

Nouvelle édition. Paris, Michel Lévy, 1861. In-18.

Nouvelle édition. Paris, Michel Lévy, 1870. In-18.

FONTAINEBLEAU, VERSAILLES, PARIS (Relation des fêtes du mariage du duc d'Orléans). A Paris, chez Bourdin. Juin 1837. In-18.

HISTOIRE DE FRANCE, servant de texte explicatif aux *Galeries historiques de Versailles,* publiées par l'ordre de S. M. Louis-Philippe Ier, et dédiées à S. M. la Reine des Français, par M. Ch. Gavard. A Paris, chez l'éditeur, rue du Marché-Saint-Honoré, 4, et au palais de Versailles, 1837-1843. Grand in-folio, petit in-folio et in-quarto.

VERSAILLES ET SON MUSÉE HISTORIQUE, Description complète de la ville, du palais, du musée, des jardins et des deux Trianons; précédée d'un itinéraire de Paris à Versailles, etc., avec plans et vignettes. In-18.

LES MILLE ET UNE NUITS, Contes arabes, traduits par A. Galland, suivis de nouveaux contes de Caylus et de l'abbé Blanchet, avec une Préface historique par M. Jules Janin. A Paris, chez Pourrat. (Publié par livraisons.) 1837-38. 4 vol. in-8, avec gravures sur acier.

ŒUVRES COMPLÈTES DE SIR WALTER SCOTT. Traduction nouvelle par M. Louis Vivien. Préface par M. Jules Janin. Paris, Pourrat, 1837-38. 24 vol. in-8, avec gravures, cartes, etc.

HISTOIRE DE MANON LESCAUT ET DU CHEVALIER DES GRIEUX, par l'abbé Prévost. Édition illustrée par Tony Johannot, précédée d'une Notice historique et biographique par Jules Janin. A Paris, chez Bourdin, 1838. Publication terminée le 1ᵉʳ juin 1839. In-8 (par livraisons).

Réimpression de la Notice, en tête d'une édition in-16 de *Manon Lescaut*. *Bibliothèque choisie*. A Paris, rue des Bons-Enfants, 28 ; 1853.

PARIS, Illustrations. Album de gravures, par les premiers artistes de France, avec des textes, pièces de vers, nouvelles, etc., par MM. de Chateaubriand, P. Lebrun, Villemain, Jules Janin, Boulay-Paty, Vivien, Mᵐᵉ Tastu, Mᵐᵉ Collet-Revoil, etc. A Paris, chez Pourrat, 1838. In-8.

L'UNIVERS, ou les 300 *Vues les plus pittoresques du globe, gravées sur acier par les artistes les plus célèbres,* avec un texte explicatif par M. J. Janin. Rue de Seine-Saint-Germain, 31 ; 1838. Livraisons in-4, d'une feuille chacune.

LES AVENTURES DE TÉLÉMAQUE, suivies des *Aventures d'Aristonoüs,* précédées d'un Essai sur la vie et les ouvrages de Fénelon, par M. J. Janin. Édition illustrée par Tony Johannot, etc. Paris, Ernest Bourdin, 1838. In-8.

LES CATACOMBES, Romans, contes, nouvelles et mélanges littéraires. Paris, chez Werdet, 1839. 6 vol. in-18.

LES FRANÇAIS PEINTS PAR EUX-MÊMES. Mœurs contemporaines. (*L'Introduction,* la *Grisette,* le *Gamin de Paris,* la *Dévote,* par M. Jules Janin.) Paris, Curmer, 1839. Livraisons in-8, avec types coloriés.

LE VOYAGE SENTIMENTAL de Sterne. Traduction nouvelle, précédée d'un Essai sur la vie et les ouvrages de Sterne, par Jules Janin. Illustrations de Tony Johannot et Ch. Jacque (1 portrait et 11 gravures). Paris, Ernest Bourdin, 1839. In-8.

Réimpression, en 1854.

VOYAGE EN ITALIE. Paris, Ernest Bourdin, 1839. In-8, illustré de 14 gravures.

Le même ouvrage, sans gravures. Paris, Bourdin, 1839. In-8.
Nouvelle édition, avec 16 gravures. Paris, Bourdin, 1842. In-8.

LE DIABLE BOITEUX, illustré. Notice sur Le Sage, par Jules Janin. Paris, Ernest Bourdin, 1840. In-8.

JOCELYN, de M. de Lamartine, avec une Introduction par M. Jules Janin. Paris, 1840.

LES ÉPIGRAMMES DE MARTIAL, traduites en vers français par Constant Dubos, précédées d'un Essai sur la vie et les ouvrages de Martial, par M. Jules Janin. Paris, chez Chapelle, 1841. In-8.

LE FRUIT DÉFENDU, par Mme la comtesse Dash, E. Ourliac, Jules Janin, etc. Paris, chez Desessart, 1841. 2 vol. in-8.

LE JARDIN DES PLANTES, Description et mœurs des mammifères de la ménagerie et du Muséum d'histoire naturelle, par M. Boitard; précédé d'une Introduction historique, descriptive et pittoresque, par Jules Janin. Paris, Dubochet et Cie, 1842. Grand in-8.

Nouvelle édition, formant la troisième série du *Panthéon populaire illustré.* Paris, G. Barba, 1851. In-4.

HISTOIRE DES FRANÇAIS DES DIVERS ÉTATS, AUX CINQ DERNIERS SIÈCLES, par Amans Alexis Monteil.

Nouvelle édition, augmentée d'une préface par M. Jules Janin. Paris, Coquebert, 1842. Livr. in-8. L'ouvrage forme 8 vol.

Quatrième édition, augmentée d'une Notice historique par M. Jules Janin. Paris, Victor Lecou, Guiraudet et Jouaust, 1853. Tome Ier, in-12.

ROLAND FURIEUX. Traduction nouvelle par M. V. Philipon de la Madelaine, illustrée par Tony Johannot, Baron, Français et Célestin Nanteuil (300 vignettes, dont 24 tirées à part). Introduction par Jules Janin. Paris, J. Mallet et Cie, 1842. In-8.

Nouvelle édition (mêmes illustrations). Paris, chez Morizot, 1864. In-8.

ŒUVRES DE J. FIÉVÉE, précédées d'une Notice biographique et littéraire, par Jules Janin (Édition contenant la *Dot de Suzette, Frédéric,* et six nouvelles). Paris, Ch. Gosselin, 1842. In-12.

LES ACTRICES CÉLÈBRES CONTEMPORAINES (Mlle *Mars,* par Jules Janin). Paris, 1842. In-8.

LE PRINCE ROYAL, avec portrait par Charlet. Paris, Ernest Bourdin, (août) 1842. In-18.

Publié d'abord dans le *Journal des Enfants.*

UN HIVER A PARIS, Tableau des mœurs contemporaines, illustré par Eugène Lami, de 18 gravures sur acier, etc. Paris, chez Curmer et chez Aubert, 1842. In-8.

Nouvelle édition. Paris, veuve Louis Janet, 1847. In-8.

SCÈNES DE LA VIE PRIVÉE ET PUBLIQUE DES ANIMAUX, vignettes par Grandville. Études de mœurs contemporaines publiées sous la direction de M. P.-J. Stahl, avec la collaboration de MM. de Balzac, L. Baude, E. de la

Bédollière, P. Bernard, J. Janin, Ed. Lemoine, Charles Nodier, George Sand. Paris, J. Hetzel, 1842. 2 vol. gr. in-8. (Le tome 1er contient : Le *Premier Feuilleton de Pistolet*, par Jules Janin).

Nouvelle édition. A Paris, chez Marescq et chez Gustave Havard, 1852. In-4 (Réimpression de l'édition Hetzel, en un seul volume).

LA NORMANDIE HISTORIQUE, PITTORESQUE ET MONU- MENTALE, illustrée de 18 gravures et 80 vignettes par Morel-Fatio et Outhwaite. (Publiée par livraisons.) Paris, Ernest Bourdin, 1842-1843. In-8.

Réimpression, en 1844.

LA VIE DE MARIANNE, par Marivaux, avec une Notice sur Marivaux, par Jules Janin. Paris, Charpentier, 1843. In-12.

LETTRE SUR LA BIBLIOTHÈQUE DE SAINT-ÉTIENNE, AU GÉRANT-PROPRIÉTAIRE du *Mercure Ségusien*. Im- primerie de N.-S. Janin, à Saint-Étienne. Juillet 1843. In-8, d'une feuille (papier de Hollande).

LES BEAUTÉS DE L'OPÉRA, ou Chefs-d'œuvre lyriques, illustrés (avec Philarète Chasles et Th. Gautier). Paris, 1844. In-8.

UN ÉTÉ A PARIS, Tableau de mœurs contemporaines, illustré. Paris, Curmer, et chez Aubert; 1844. In-8.

LES ÉTRANGERS A PARIS, texte par MM. Louis Des- noyers, Eugène Guinot, Jules Janin, Old-Nick, Roger de Beauvoir, etc., avec illustrations de Gavarni, H. Émy, etc. (*L'Italien*, par Jules Janin). Paris, Ch. Warée, 1844. In-8.

LA BRETAGNE HISTORIQUE, PITTORESQUE ET MONU- MENTALE, dédiée à M. le vicomte de Chateaubriand; avec 154 gravures et vignettes, par Hte Bellangé, Gigoux,

Gudin, Isabey, etc. (Publiée par livraisons). Paris, Ernest Bourdin, 1844-1845. In-8.

Deuxième édition, même éditeur (Réimp.). Paris, 1862. In-8.

LES CLASSIQUES DE LA TABLE, à l'usage des praticiens et des gens du monde (recueillis par M. F. Fayot). Paris, Martinon, 1844. In-8. Figures.

Divers extraits d'articles de Jules Janin dans l'ouvrage.

FRANCISCUS COLUMNA, Dernière nouvelle de Charles Nodier, extraite du *Bulletin de l'Ami des Arts,* et précédée d'une Notice par Jules Janin, avec portrait. A Paris, chez Techener et chez Paulin, 1844. In-12.

LES ROIS CONTEMPORAINS, Biographie des souverains, en 1845, par l'élite des écrivains et des artistes belges et français. Première livraison : *Louis-Philippe,* par Jules Janin. Paris, Amar, 1845. In-8, d'une feuille, plus un portrait.

ŒUVRES CHOISIES DE GAVARNI, avec un texte par Altaroche, de Balzac, Théophile Gautier, Jules Janin, etc. Paris, Hetzel, 1845. 4 vol. in-8.

LE DIABLE A PARIS. *Paris et les Parisiens.* — Mœurs et coutumes, caractères et portraits des habitants de Paris, tableau complet de leur vie privée, publique, politique, artistique, littéraire, industrielle, etc. Texte par MM. George Sand, P.-J. Stahl, Léon Gozlan, Frédéric Soulié, Charles Nodier, Eugène Briffaut, Jules Janin, Théophile Gautier, Octave Feuillet, Alfred de Musset, Frédéric Bérat, etc. *Histoire de Paris,* par Théophile Lavallée. Illustrations de Gavarni, etc. Paris, publié par J. Hetzel. 1845, 1er vol. gr. in-8; 1846, 2e vol. (Dans le 2e volume, *Clichy,* par Jules Janin).

CLARISSE HARLOWE, précédée d'un Essai sur la vie

et les œuvres de Samuel Richardson. Paris, Amyot, 1846. 2 forts vol. in-12[1].

L'ÉTÉ A BADE, par M. Eugène Guinot (Pierre Durand, du *Siècle*), illustré par Tony Johannot, Eugène Lami, Français, etc. Notice par Jules Janin. Paris, Ernest Bourdin, 1846. In-8.

PLINE LE JEUNE ET QUINTILIEN, OU L'ÉLOQUENCE SOUS LES EMPEREURS. Extrait de la *Revue nouvelle*. Paris, Amyot, 1846. In-8 (Tiré à cent exemplaires).

LES VIOLETTES, Poésies par Mme Victorine Rostand; précédées d'une Lettre à M. de Lamartine par M. Jules Janin. Paris, Curmer, 1846. In-8.

SUITE DE L'HISTOIRE DE MANON LESCAUT ET DU CHEVALIER DES GRIEUX (avec Sainte-Beuve et Arsène Houssaye. Fragments sur Manon Lescaut.) Paris, Sartorius, 1847. In-16.

LE GATEAU DES ROIS, Symphonie fantastique. (La couverture porte : *Ouvrage entièrement inédit*.) Paris, Amyot, 1847. In-18.

LETTRES DE Mlle DE LESPINASSE, avec 228 pages de Notice historique et commentaires, par Jules Janin. Paris, Amyot, 1847. In-18 jésus, format anglais.

Le même ouvrage. Paris, Amyot, 1848. In-12.

PAQUES FLEURIES (poésies) par M. Alfred Asseline. Préface par M. Jules Janin. Paris, Amyot, 1847. In-18.

VOYAGE DE PARIS A LA MER, Description historique des villes, bourgs, villages et sites, sur le parcours du chemin de fer et des bords de la Seine. Paris, Ernest

---

1. Le roman de Richardson a été réduit par Jules Janin à deux volumes au lieu de quatorze.

Bourdin, 1847. In-16, orné d'un grand nombre de vignettes dessinées sur les lieux par Morel-Fatio et Daubigny ; et de 4 cartes et plans, gravés par P. Tardieu.

VOYAGE DE PARIS A DIEPPE (Extrait de l'ouvrage précédent). In-18.

ÉTUDES COMPARÉES DES MAITRES DES DIVERSES ÉCOLES. (*École italienne*, par Jules Janin.) Paris, imprimerie de Plon, 1848. In-folio de 2 feuilles.

LA PERVENCHE, Livre des salons, par MM. Marie Aycard, Émile Deschamps, Jules Janin, Jules Lacroix, etc., sous la direction du bibliophile Jacob. A Paris, chez Mme Ve Louis Janet, 1848. In-8, avec 12 gravures anglaises.

LE PANORAMA DE L'ILLUSTRATION, par MM. Frédéric Soulié, Jules Janin, Louis Desnoyers, etc., illustré de 300 dessins intercalés dans le texte. Paris, Havard et Marescq, 1848. 2 vol. in-4 (publiés par livraisons).

LE ROI EST MORT ! Paris, 1850. Brochure, in-8.

AMANS-ALEXIS MONTEIL. Paris, imprimerie de Duverger, 1850. Brochure in-8, d'une demi-feuille.

Extrait du *Journal des Débats,* du 2 mars 1850. — M. Monteil, né à Rodez, est mort le 20 février 1850, à l'âge de quatre-vingt-un ans.

CATALOGUE des manuscrits et d'une partie des livres imprimés composant la bibliothèque de feu M. Monteil, précédé d'une nouvelle édition de la Notice écrite par M. Jules Janin. Paris, Jannet, (juin) 1850.

LA RELIGIEUSE DE TOULOUSE, roman. Paris, Michel Lévy frères, 1850. 2 vol. in-8.

LE MOIS DE MAI A LONDRES ET L'EXPOSITION DE 1851. (Lettres sur l'Exposition universelle, publiées d'abord dans le *Journal des Débats*.) In-8, avec portrait, d'après Édouard Dubufe, lith. par R. J. Lane; publié chez J. Mitchell à Londres, et chez Michel Lévy frères, à Paris, 1851.

LES GAIETÉS CHAMPÊTRES, roman. Paris, Michel Lévy frères, 1851[1]. 2 vol. in-8.

ALMANACH DU PLAISIR, Sport, chasses, théâtres, jeux, gastronomie, eaux, bains de mer, voyages, fêtes, etc. Rédigé par Jules Janin, Méry, Léon Gozlan, Paul Fé-val, etc. A Paris, chez Garnier frères et chez Mar-tinon, 1852. In-18 (publié en octobre 1851).

LA DAME AUX CAMÉLIAS, par Alexandre Dumas fils; 3e édition, entièrement revue et corrigée. Préface par M. Jules Janin. Paris, Michel Lévy frères, 1852. In-18, format anglais.

Réimprimée deux fois la même année, et très-souvent depuis. L'intro-duction dont il s'agit figure aussi dans l'édition in-8º de *la Dame aux Camélias,* avec illustrations de Gavarni, et dans celle qui a paru chez Michel Lévy, en 1872, sur papier de Hollande et sur papier de Chine, avec por-trait authentique de Marie Duplessis (in-8). Cette dernière édition de la préface, revue et augmentée.

BEAUTÉS DE WALTER SCOTT. Magnifiques portraits des héroïnes de Walter Scott, accompagnés chacun d'un portrait littéraire, par MM. Alexandre Dumas, Frédéric Soulié, Jules Janin, etc. 28 portraits. A Paris, chez l'éditeur, boulevard Saint-Martin, 12, et chez Garnier frères, 1852. In-8.

ANNALES ILLUSTRÉES du théâtre de la Porte-Saint-

---

1. Sous ce titre : Les *Gaietés champêtres,* une comédie-vaudeville en deux actes, d'après M. Jules Janin, par MM. Desnoyers, Guyard et Durantin, a été jouée au théâtre du Vaudeville (1re représentation le 3 juillet 1852). De l'*Ane mort* on a fait un drame. Citons encore le *Bal du prisonnier,* par MM. Ad. Decourcelle et L. Guillard, — un des succès du Gymnase, — qui a été tiré d'une nouvelle de Jules Janin : Le *Mariage vendéen.*

Martin. *Richard III*, drame nouveau en 5 actes, par M. Victor Séjour. Analyse critique. Signé : *Jules Janin*. Imprimerie de Mme Dondey-Dupré, à Paris, 1852. In-4.

HISTOIRE DE LA LITTÉRATURE DRAMATIQUE. Paris, Michel Lévy frères. Bibliothèque contemporaine, 1853-1858. 6 vol. in-12.

> Choix de feuilletons du lundi, parus dans le *Journal des Débats.*
> Tomes I et II, 1853.
> Tomes III et IV, 1854.
> *Deuxième édition,* tomes I et II, 1855.
> Tomes V et VI, 1858.

NOUVELLE GALERIE DES ARTISTES DRAMATIQUES VIVANTS, avec portraits en pied, peints et gravés sur acier par Ch. Geoffroy, accompagnés de Notices par A. Dumas, Guinot, H. Lucas, J. Janin, Paul de Kock, etc. A Paris, boulevard Saint-Martin, 12; 1853. In-8.

ALMANACH DE LA LITTÉRATURE, DU THÉATRE ET DES BEAUX-ARTS, avec une Histoire dramatique et littéraire de l'année, illustré de gravures et portraits. Paris, Pagnerre, 1853-1869. Gr. in-16.

HISTOIRE D'UNE FAMILLE BOURGEOISE. Imprimerie de Guiraudet, 1853. Brochure in-8.

> Histoire de la famille de M. Monteil, mort dans un petit village de la forêt de Fontainebleau, nommé Cély.

LA COMTESSE D'EGMONT. Paris, J. Hetzel, 1855. In-32.

FROMENT MEURICE. Rapports officiels des jurys, suivis d'appréciations tirées des journaux (articles de Victor Hugo, Jules Janin, Théophile Gautier, etc.). Paris, imprimerie Raçon. In-8.

LES PETITS BONHEURS DE LA VIE, illustrés de 15 gra-

vures sur acier, par Gavarni. (Le titre courant est :
Traité des Petits Bonheurs.) Paris, Morizot, 1856. In-8.

Deuxième édition, avec 4 gravures sur bois et hors texte, par Gavarni. Paris, Laplace, Sanchez et Cie (successeurs de Morizot). 1861. In-18.

CONTES DU CHANOINE SCHMID. Traduction de A. Cerf-beer de Médelsheim, illustrations par Gavarni. Onze contes, précédés d'une Notice historique et littéraire par Jules Janin. Paris, Morizot, 1856. 2 vol. in-8.

DEBUREAU, par Jules Janin, Gérard de Nerval, Théophile Gautier, Eugène Briffaut (Articles de journaux publiés sur Debureau). Imprimerie d'Aubusson, à Paris. 1856. Brochure in-8, d'une feuille.

NOTICE sur l'*Imitation de Jésus-Christ*. Édition L. Curmer. Paris, imprimerie Claye ; libr. Curmer, 1857. In-32, 28 p.

Extrait du *Journal des Débats*, du 10 avril 1857.

L'ABBÉ GUILLON, évêque de Maroc. Paris, imprimerie Plon, 1857. In-4, à 2 colonnes, 16 pages.

Notice extraite de la *Biographie universelle* (Michaud), tome 18.

D'APRÈS NATURE, par Gavarni, 40 dessins lithographiques. Texte par Jules Janin, Paul de Saint-Victor, Edmond Texier et de Goncourt. Paris, Morizot, 1857. In-folio.

Deuxième édition, Paris, A. Laplace, 1869.

LES SYMPHONIES DE L'HIVER, avec 16 gravures sur acier par Gavarni. Paris, Morizot, 1858. (Décembre 1857.) In-8.

INTRODUCTION à l'ouvrage intitulé *Correspondance entre Boileau Despréaux et Brossette,* etc. Paris, imprimerie Claye ; librairie Techener. 1858. In-8, XXXII p.

VARIÉTÉS LITTÉRAIRES. J. Hetzel (alors éditeur à

Bruxelles); L. Hachette, dépositaire à Paris; 1859. In-18 jésus.

Extraits des feuilletons du lundi, parus dans le *Journal des Débats,* etc. (Choix fait par J. Hetzel).

RACHEL ET LA TRAGÉDIE, avec 10 photographies par Henri de La Blanchère, représentant Mlle Rachel dans ses principaux rôles. Paris, Amyot, 1859. Gr. in-8.

Le même ouvrage, tiré à petit nombre. Paris, Amyot, 1859. Édition gr. in-4; prix : 200 fr. (Quarante exemplaires seulement ont été mis dans le commerce.)

HORACE ET SON TEMPS. Paris, Panckoucke, 1859. In-8.

CRITIQUE, PORTRAITS ET CARACTÈRES CONTEMPO-RAINS. J. Hetzel, à Bruxelles; et L. Hachette, à Paris; 1859. In-18 jésus.

Reproduction d'articles publiés par Jules Janin dans le *Journal des Débats,* etc. (Choix fait par J. Hetzel).

NOTICE HISTORIQUE SUR M. BENOIT FOULD. Paris, 11, rue d'Enfer; 1859. In-8, 12 p.

Notice publiée dans le *Journal des Débats.* Signée : *Jules Janin.* Extraite du *Panthéon universel,* musée biographique.

NOTICE sur le *Livre d'Heures de la reine Anne de Bretagne.* Paris, Curmer, 1859. In-32.

CONTES DU CHALET, Paris, Michel Lévy frères, 1860 (Novembre 1859). In-18.

LES ŒUVRES D'HORACE. Traduction en prose. Paris, Hachette et Cie, (11 avril) 1860. Format in-32 (Daniel Elzévir), avec portraits d'après des médailles antiques.

Deuxième édition, revue. Mêmes éditeurs, (9 février) 1861. Même format. Il a été tiré 100 exemplaires de cette édition sur papier de Hollande.
Troisième édition. Mêmes éditeurs, (17 mars) 1865. In-18 jésus.
Quatrième édition. Mêmes éditeurs, (28 octobre) 1871. In-18 jésus.

Il a été tiré, sur grand papier vélin écu, un certain nombre d'exemplaires de cette édition.

LA FIN D'UN MONDE ET DU NEVEU DE RAMEAU. Paris, collection J. Hetzel, 1861. In-18 jésus.

Le même ouvrage. *Nouvelle édition* (revue et augmentée). Paris, E. Dentu, 1873. In-18 jésus.
Quelques exemplaires sur papier de Hollande.

LA SEMAINE DES TROIS JEUDIS. Contes pour les enfants, avec 4 gravures. Paris, Morizot, 1861. Grand in-18.

LES VOYAGES DE GULLIVER, par Swift. Traduction nouvelle et introduction, par Jules Janin. Illustrations de Gavarni. (16 gravures sur acier). Paris, Morizot, 1861. In-8.

CONTES NON ESTAMPILLÉS, Nouvelles (*Lucinde,* les *Harnais bleus,* la *Comtesse d'Egmont),* avec préface. Paris, Claye; collection Hetzel, 1862. Grand in-18.

LA RÉVOLUTION FRANÇAISE (Parthénon de l'Histoire). Ouvrage dirigé et publié par M. J.-G.-D. Armengaud. Paris, imprimerie de Ch. Lahure, 1862-1865. 2 vol. in-4, ornés de nombreuses gravures sur bois.

GIL BLAS DE SANTILLANE, par Le Sage; avec une Introduction de Jules Janin; illustré de 20 dessins, par Gavarni (hors texte, gravés sur acier). Paris, Morizot, 1863. Gr. in-8.

LES OISEAUX BLEUS, Nouvelles. Paris, Hachette et Cie, 1864. In-12.

THÉATRE DE ALEXIS DE COMBEROUSSE. Notice par Jules Janin. Paris, L. Hachette et Cie, 1864, 3 vol. in-8.

LA JÉRUSALEM DÉLIVRÉE, Traduction nouvelle en prose par V. Philipon de la Madelaine. Notice sur Le

Tasse, par Jules Janin. Illustrations de Baron et C. Nanteuil. Paris, Morizot, 1864. In-8..

LES MILLE ET UNE NUITS, Contes arabes. Traduction de Galland, avec une Introduction de Jules Janin. Illustrations de Gavarni et Wattier (20 gravures hors texte). Paris, Morizot, 1864. Gr. in-8.

LA POÉSIE ET L'ÉLOQUENCE A ROME AU TEMPS DES CÉSARS *(Horace et son Temps, Ovide, Pline le jeune et Quintilien, Pétrone et le* Satyricon, les *Mémoires de Martial)*. Paris, Didier et Cie, 1864. In-8.

> *Nouvelle édition.* Paris, Didier et Cie, même année. In-12.
>
> Les études sur Ovide et sur Martial figurent en tête d'éditions complètes de ces classiques, publiées chez Garnier frères, à Paris. Grand in-18 jésus.

ŒUVRES DE CORNEILLE, 12 vol. in-32 jésus (Collection des Classiques français, collationnés sur les meilleurs textes). Étude sur Corneille, par Jules Janin (LXXXVIII pages, en tête du tome Ier). Paris, H. Plon, (janvier) 1865.

> 200 exemplaires numérotés sur papier de Hollande.

DISCOURS DE RÉCEPTION A LA PORTE DE L'ACADÉMIE FRANÇAISE. Paris, Tardieu, 1865. In-18.

BÉRANGER ET SON TEMPS, avec portraits de Béranger et de Jules Janin, gravés à l'eau-forte par G. Staal. Paris, René Pincebourde, 1866. 2 vol. in-18, pap. vergé.

L'AMOUR DES LIVRES. Paris, J. Miard, 1866. In-12, tiré à 200 exemplaires sur papier vergé et 4 sur peau vélin.

LE TALISMAN (l'*Opale*), roman. Paris, Hachette et Cie, 1866. In-18 jésus.

CIRCÉ, roman, avec une eau-forte par G. Staal. Paris, Achille Faure, 1867. In-12.

La Sorbonne et les Gazetiers. Paris, Académie des bibliophiles, 1867. In-32.

Les Amours du chevalier de Fosseuse, roman, Paris, J. Miard, 1867. In-18.

Œuvres complètes de Molière, avec des notes explicatives sur les mots qui ont vieilli, précédées d'une Introduction par Jules Janin. Edition ornée du portrait en pied, colorié, du principal personnage des pièces les plus remarquables, dessiné par MM. Geffroy, sociétaire de la Comédie-Française, H. Allouard et Maurice Sand (20 portraits). Paris, A. Laplace, 1868. Gr. in-8, à deux colonnes.

Les mêmes, 2 forts vol. in-12, figures.

Le Bréviaire du Roi de Prusse. Paris, Académie des bibliophiles, 1868. In-32.

Nouvelle édition. Paris, Librairie des bibliophiles (Jouaust), 1870.
Troisième édition. Même librairie, 1871.

Les Révolutions du pays des Gagas. N. Scheuring, à Lyon, 1869. In-8. (Tiré à 200 exemplaires, sur papier teinté.)

L'Interné, roman. Paris, Michel Lévy frères, 1869. In-18 jésus.

Deuxième édition. Mêmes éditeurs, 1869.

Petits Romans d'hier et d'aujourd'hui. Paris, A. Sauton, 1869. In-12.

Quelques exemplaires sur papier de Hollande.

Lamartine (1790-1869). Notice, avec portrait gravé à l'eau-forte par Martial. Paris, Librairie des bibliophiles (Jouaust), 1869. In-18 raisin, papier vergé.

Paul et Virginie, de Bernardin de Saint-Pierre,

avec Notice par Jules Janin. Eaux-fortes de Foulquier. Paris, Librairie des bibliophiles, 1869. Grand in-8, papier vergé.

Quelques exemplaires sur papier de Chine et sur papier Whatman.
Réimpression de la Notice, en tête de *l'édition-bijou* de *Paul et Virginie*, sur papier vélin de Hollande, avec dessins d'Em. Lévy, et ornements de Giacomelli. Paris, Librairie des bibliophiles (Jouaust), 1875.

LE LIVRE. Paris, H. Plon, 1870. Gr. in-8, vélin glacé.

100 exemplaires numérotés, sur papier de Hollande, et 2 sur peau vélin.

ALEXANDRE DUMAS (mars 1871). Notice, avec portrait par Flameng. Paris, Librairie des bibliophiles (Jouaust), 1871. In-18 raisin, papier vergé.

LA MUETTE (12 juin 1871). *Le Château et ses désastres.* Paris, Librairie des bibliophiles, 1871. In-18.

DISCOURS DE RÉCEPTION A L'ACADÉMIE FRANÇAISE, ET RÉPONSE DE M. CAMILLE DOUCET. Paris, Firmin Didot, Librairie de l'Institut, 1871. In-4.

Les mêmes discours. Paris, Librairie académique de Didier et Cie, 1871. In-8.

L'ILIADE, Traduction nouvelle par P. Lagrandville. Notice par Jules Janin, de l'Académie française. Portrait d'Homère, d'apres une médaille antique; gravures d'après Marillier. Paris, A. Lévy, 1871. Gr. in-8.

L'AUTOGRAPHE. Événements de 1870-71. Introduction par Jules Janin, de l'Académie française. Paris; publié par H. de Villemessant, bureaux du *Figaro*, 1871. In-4 oblong.

FRANÇOIS PONSARD, Notice avec portrait par Léopold Flameng. Paris, Librairie des bibliophiles, 1872. In-18 raisin, papier vergé.

LES DEUX DISCOURS A L'ACADÉMIE (avec Préface;

suivis de lettres de MM. Thiers, de Rémusat et Rouland). Paris, Librairie des bibliophiles, 1872. In-18 raisin, sur papier vergé.

CHEFS-D'ŒUVRE DRAMATIQUES DU XVIIIe SIÈCLE, précédés d'une Introduction et d'une Biographie sur chaque auteur, par Jules Janin. Édition ornée du portrait en pied, colorié, du principal personnage de chaque pièce, dessiné par MM. Geffroy et Allouard. Paris, A. Laplace, Sanchez et Cie, 1872. Gr. in-8, à deux colonnes.

Les mêmes, 2 forts vol. in-12, figures.

LE TOMBEAU DE THÉOPHILE GAUTIER, impr. sur papier de Hollande, avec portrait à l'eau-forte. Paris, Alphonse Lemerre, 1873. In-8 carré.

Ce livre, édité avec beaucoup de luxe, contient des poésies des meilleurs auteurs contemporains. Le morceau donné par Jules Janin a pour titre : *La Mort de Daphnis*. (C'est un fragment de la 5e églogue de Virgile, extrait d'une traduction en vers encore inédite.)

PARIS ET VERSAILLES IL Y A CENT ANS, avec un portrait de l'auteur reproduit par l'héliogravure. Paris, F. Didot, 1874. In-8.

Paru en juin, quelques jours avant la mort de Jules Janin.

LA DAME A L'ŒILLET ROUGE, Nouvelle posthume, avec portrait de l'auteur, d'après Champmartin. Edition sur papier teinté, sur hollande et sur chine. Paris, Librairie à estampes, boulevard Haussmann, 1874. Gr. in-8.

Publié par les soins de M. Arsène Houssaye, « au profit des pauvres de Jules Janin ».

ŒUVRES DIVERSES, publiées chez D. Jouaust, sous la direction de M. Albert de la Fizelière. Paris, Librairie des bibliophiles, 1876.

La collection se composera de 12 volumes in-18 jésus, sur papier vélin, et comprendra les ouvrages suivants :

L'Ane mort, précédé de l'autobiographie de l'auteur[1].

Mélanges et Variétés littéraires, 2 vol.

Contes et Nouvelles, 2 vol.

Critique dramatique, 4 vol.

Correspondance, 1 vol[2].

La Fin d'un Monde et du Neveu de Rameau, suivie de nouvelles, 2 vol.

La traduction d'*Horace,* en 2 vol., paraîtra ensuite dans le même format[3].

TIRAGE D'AMATEURS

POUR LA COLLECTION DES OEUVRES DIVERSES

Chaque tome sera orné d'une gravure à l'eau-forte par Ed. Hédouin.
500 exemplaires sur papier de Hollande.
25   —   sur papier Whatman.
25   —   sur papier de Chine.

---

1. *L'Ane mort* a paru en janvier 1876. L'autobiographie mentionnée ci-dessus est une reproduction de la préface des *Contes nouveaux* (écrite en 1832, et publiée en janvier 1833), dont nous avons donné plusieurs fragments au commencement de notre étude sur Jules Janin (1874).

2. Un érudit, M. Clément-Janin (neveu du grand critique), s'occupe de cet intéressant volume d'une manière toute spéciale.

3. En mémoire de la passion si constante de son mari pour les immortels écrivains de l'antiquité, et surtout pour les poëtes latins, Mme Janin a légué à l'Académie une somme de 20,000 fr., destinée à fonder un prix triennal de 3,000 fr. Ce prix sera décerné, au nom du maître, à l'auteur de la meilleure traduction d'un ouvrage latin en langue française.

A. P.

PUBLICATIONS DIVERSES

AUXQUELLES

JULES JANIN A COLLABORÉ.

L'*Album de la Mode*, l'*Artiste*, la *Biographie universelle* (Michaud), la *Chronique de Paris*, le *Courrier des Théâtres*, le *Dictionnaire de la Conversation*, l'*Encyclopédie des Gens du Monde*, le *Figaro*, l'*Illustration*, l'*Indépendance belge* (sous le pseudonyme d'*Eraste*), le *Journal des Débats*, le *Journal des Enfants*, le *Keepsake américain*, le *Magasin des Familles*, le *Mercure de France*, le *Messager des Chambres*, le *Musée des Familles*, le *Musée universel*, *Paris-Londres*, la *Presse dramatique*, Journal universel des théâtres, des salons, de la littérature et des beaux-arts (1847), la *Quotidienne*, la *Revue contemporaine,* la *Revue des Deux Mondes,* la *Revue Nouvelle,* la *Revue de Paris,* l'*Universel* (sous le pseudonyme du *Cavalier Jonas*), etc.

On comprendra sans peine que nous n'énumérions pas ici les articles si variés, sortis de la plume vraiment infatigable de Jules Janin, et publiés dans un grand nombre de journaux et de revues. La liste complète de ces productions, légères et charmantes, demanderait beaucoup d'espace; d'ailleurs, elles ont été presque toutes réunies en volumes, qui figurent, bien entendu, dans notre travail bibliographique.

PORTRAITS DE JULES JANIN[1]

Tony Johannot pinx., Revel sculp. Ernest Bourdin, éditeur. In-8 (assis). Tiré de l'*Ane mort*.

A. Blanchard fils, sculp., in-8. 1844. Tiré des *Classiques de la Table*, ouvrage dédié à Jules Janin par l'éditeur (M. F. Fayot).

In-4, imp. Aubert. *Galerie de la Presse*.

M. Alophe, in-4, imp. Aubert. *Ibid*.

Julien, in-4. *Galerie du Cabinet de lecture*.

Jullien, in-4, lith. Delarue. Tiré du *Voleur*.

Peint par Champmartin, gravé par N. Desmadryl, imprimé par Chardon, in-folio. Tiré de l'*Artiste*. (Reproduit en tête de la *Dame à l'Œillet rouge*.)

Dupré pinx., G. Staal sculp., in-4. Tiré du *Journal de la Semaine*.

Dessiné par Kreutzberger. Tiré du *Musée français*.

---

1. Nous avons emprunté à l'intéressante *Galerie de Portraits forésiens*, publiée par M. Joseph Delaroa, une grande partie des renseignements contenus dans cette liste.

In-8. Tiré de la *Mode*.

Guireau. Tiré de la *Loire historique*.

In-4. Tiré de l'*Illustration*.

Challamel del., lith. in-8, imp. Lemercier. Tiré du *Journal des Femmes*.

Dessiné par Édouard Dubufe (1851), lith. à Londres, par R.-J. Lane; imp. par M. et N. Hanhart. Tiré du *Mois de mai à Londres*.

G. Staal, in-12, Chatain, imp. René Pincebourde, édit. Frontispice du 2e vol. de *Béranger et son Temps*.

In-4. Rosselin, éditeur.

F..., imp. Lemercier, Pierre Petit, phot., in-folio. Avec fac-simile de sa signature. Tiré du *Panthéon des Illustrations françaises au* XIXe *siècle*.

Photographie par Nadar.

      id.   par Mayer et Pierson.

      id.   par Bertall (assis).

Victor Adam, inv. et del., in-32, lith. de Lemercier.

Lafosse, lith. C. Moite, in-folio.

Aug. Bouquet sculp., in-4. Avec fac-simile de sa signature. (Les mains dans les poches.)

Paul Chenay del. et sculp., in-4. Eau-forte.

G. Staal, eau-forte, in-8, Bachelin-Deflorenne, éditeur. Tiré du *Bibliophile français*.

In-8. Tiré d'un ouvrage de phrénologie, et indiqué avec la protubérance de la *gaîté*.

Fischer, in-4.

E. Bocourt del., L. Chapon sculp. sur bois. Dans le *Journal illustré*.

Le même, reproduit dans la *Mosaïque*.

Reproduction par l'héliogravure du portrait publié dans l'*Illustration*, in-8, pour *Paris et Versailles il y a cent ans*. F. Didot éditeur.

Léopold Flameng, eau-forte, d'après une photographie de Bertall, imp. Salmon, pour *Jules Janin* (1804-1874), par Alexandre Piedagnel. In-18. D. Jouaust édit. Librairie des bibliophiles, 1874.

Il existe des exemplaires de ce portrait, avant la lettre, sur chine et s u whatman, et un sur parchemin.

Boilvin, eau-forte, imp. Salmon, pour le même ouvrage. In-16. *Nouvelle édition,* très-augmentée. Sandoz et Fischbacher, éditeurs, 1876.

Quelques exemplaires, avant la lettre, sur papier vergé de Hollande, su papiers de Chine et du Japon et sur peau vélin.

Buste en marbre par Adam Salomon (grandeur nature) 1871; dans la bibliothèque de Jules Janin, à Passy. Reproduction en bronze, sur son tombeau, à Évreux.

TABLE

OPINIONS DE LA PRESSE

On lira, croyons-nous, avec intérèt les appréciations suivantes, extrai.es de quelques-uns des nombreux et excellents articles qui ont été publiés sur le *Jules Janin* de M. Alexandre Piedagnel, lors de sa première édition (fin novembre 1874 .

Les Éditeurs.

JOURNAL DES DÉBATS.

... Ce livre, touchant et charmant, sera bientôt dans toutes les mains... Nul mieux que M. Piedagnel ne pouvait parler de la vie intérieure, des qualites personnelles, des procédés de travail de notre illustre collaborateur. Il a été longtemps son secrétaire. Il etait son ami, son « consolateur » dans les derniers temps, comme l'ecrivait M. de Pontmartin (*Ga\zette de France*); et le spirituel critique ajoutait : « Ecrivain et poète distingué, M. Piedagnel nous doit un livre sur l'homme dont il a recueilli les dernieres pensées et adouci les derniers moments... » Le livre nous etait dû : le voila fait ; jamais dette d'amitie et de reconnaissance envers une aimable memoire n'aura été plus dignement acquittée [1].

Cuvillier-Fleury,
de l'Académie française.

---

1. Dans son éloquent discours prononcé en séance solennelle, au pàlais de l'Institut, le 2 mars 1876, pour la réception de M. John Lemoinne (suc-

PARIS-JOURNAL.

... Il appartenait à M. Piedagnel, par droit d'amitié et par droit de talent, d'élever un monument à Jules Janin sous cette forme tant aimée du maître : un livre, un beau et bon livre !...

HENRY DE PÈNE,
rédacteur en chef.

GAZETTE DE FRANCE.

... Fidèle à sa promesse, M. Alexandre Piedagnel nous arrive avec le charmant volume que je vous avais annoncé. S'il a été, comme nous le savons tous, pour notre illustre ami, vieux et malade, un de ces rares secrétaires qui sont presque des collaborateurs, on peut ajouter qu'il n'a pas cessé de l'être ; car, en le racontant, il le continue ; en nous parlant de lui, il le fait revivre. Il écrit sous sa dictée maintes pages gracieuses et délicates, ingénieuses et piquantes, colorées et sympathiques, et, en y mêlant la jolie prose du maître, il s'est si bien pénétré de son aimable esprit, il a tellement réussi à maintenir l'harmonie de l'ensemble, que Janin, s'il pouvait le lire, épris comme il l'était de sa belle langue latine, se souviendrait du célèbre passage des Livres saints : « *Defunctus adhuc loquitur !* » Du fond de son cercueil, on dirait qu'il nous adresse un dernier feuilleton, qui n'est ni le moins touchant, ni le moins brillant, et où l'éclat de son esprit ne perd rien à nous laisser voir toute la bonté de son cœur.

Le livre si exquis de M. Piedagnel aura autant de lecteurs qu'en a eu Jules Janin ; en lisant ces pages émues, oui, c'est encore lui que l'on croit lire ; et, enfin, l'œuvre est bien digne du sujet, puisque ses mérites peuvent se résumer en peu de mots : interprète d'un sentiment vrai, écrit d'un excel-

---

cesseur de Jules Janin), M. Cuvillier-Fleury, directeur de l'Académie française, a consacré une note des plus favorables au volume de M. A. Piedagnel qu'il avait loué déjà, si chaleureusement, dans le *Journal des Débats* du 22 novembre 1874.

lent style, ce volume donne aux indifférents le moyen de bien connaître Jules Janin, et à ses amis l'envie de l'aimer davantage [1].

Armand de Pontmartin.

JOURNAL OFFICIEL.

... Ce volume est un touchant hommage rendu à l'homme de bien, au grand critique, à l'écrivain délicat ; et vraiment ils sont heureux et rares les artistes privilegiés qui laissent après eux des amitiés aussi solides, aussi sincères !

Alphonse Daudet.

L'ÉVÉNEMENT.

... M. Alexandre Piedagnel a raconté avec émotion, avec charme par conséquent, toute l'heureuse vie littéraire de Jules Janin...

Louis Ratisbonne.

LA PATRIE.

... Ce petit livre exquis où l'on se retrouve si bien dans la familiarité souriante et causeuse de l'aimable maître ; où, pour la première fois, il semble s'être arrêté pour se laisser mieux saisir, c'est un ami du bon Jules Janin qui s'en va par le monde lui faire de nouveaux amis, en disant ce qu'il fut, en racontant ce qu'il chérissait : les bons cœurs, les aimables esprits et les beaux livres.

Édouard Fournier.

L'ÉCHO UNIVERSEL.

L'auteur de *Barnave* et des *Gaietés champêtres* est né sous une favorable étoile. Il aura eu du bonheur jusques après sa

---

1. Publié d'abord en feuilleton (numéro du 6 décembre 1874, de la *Gazette de France*), l'article si remarquable de M. le comte A. de Pontmartin, sur l'ouvrage dont il s'agit, forme tout un chapitre du tome XI de ses *Nouveaux Samedis* (Paris, Michel Lévy frères, 1875).

mort, car c'est un véritable bonheur que d'avoir rencontre un
biographe sympathique et consciencieux comme M. Alexandre
Piedagnel. Le joli volume intitulé Jules Janin (chez Jouaust),
et que Flameng a orné d'un portrait à l'eau-forte très-ressemblant, très-vivant, est une étude des plus complètes. Au
point de vue des informations, il ne laisse rien à désirer. Les
futurs historiens de notre littérature seront obligés d'y recou-
rir s'ils veulent peindre avec exactitude une des curieuses et
originales physionomies de ce temps...

Grâce à son fervent biographe, nous voyons celui qu'on a
si longtemps appelé le *Prince des critiques* dans la vérité de
son caractère et de sa nature... Les lettres citées par M. Piedagnel sont charmantes d'entrain et d'honnête malice ; celle
surtout qui s'adresse à l'abbé Constant Janin nous paraît le
chef-d'œuvre de la bonhomie dans la sagesse.

Jules Levallois.

LE BIEN PUBLIC.

... Quant à Jules Janin, sa gloire est entretenue avec un
soin pieux par son ancien secrétaire, M. Alexandre Piedagnel, qui a publié une excellente étude-biographie sous ce
titre : *Jules Janin* (1804-1874).

LA FRANCE.

... L'ouvrage est digne de ce critique de tant d'esprit, qui
fut en même temps un homme de tant de cœur ; c'est un bijou
poétique et typographique à faire tressaillir d'aise le bibliophile jusque dans sa tombe.

Masseras.

(Même journal) ... Ces pages devraient être lues par tous
ceux que le critique des *Débats* a charmés pendant tant
d'années !

Henri de Lapommeraye.

LA PRESSE.

... M. Piedagnel a raconté, dans un volume d'un style attrayant, qui témoigne qu'il n'a pas impunément fréquenté, admiré et aimé Jules Janin, cette vie heureuse et sage dont tous les actes furent des livres, dont tous les événements furent exclusivement littéraires.

M. DE LESCURE.

LE SOIR.

... Le cœur et l'esprit de M. Piedagnel étaient remplis de souvenirs intimes, dans lesquels il lui suffisait de puiser pour faire revivre la bienveillante physionomie du grand critique. Ainsi a-t-il fait dans son livre, mais avec quelle profonde émotion, et comme la sincérité de son culte l'inspire bien! Comme il sait faire parler le maître!... On rencontre dans ces pages mille trésors rassemblés par une main intelligente et pieuse, mis au jour par un cœur fier de faire rayonner les vertus de l'éminent écrivain au milieu de sa glorieuse auréole littéraire... L'ouvrage de M. Piedagnel est précieux à tous égards...

JOURNAL DE PARIS.

L'auteur a écrit avec son cœur ces pages qui nous font mieux connaître Jules Janin que tous les nombreux articles qui ont été écrits sur lui. M. Picdagnel nous fait pénétrer dans le chalet de Passy et nous présente le maître sous la tonnelle verdoyante où il aimait à feuilleter ses livres; nous vivons avec lui de sa vie, nous prenons part à ses conversations et nous nous laissons séduire par son esprit et son affabilité...

Le grand succès de ce beau travail a dû être pour l'auteur la plus douce récompense de sa bonne action; la reconnaissance est rare dans le siècle où nous vivons et nous ne saurions trop féliciter M. Piedagnel d'avoir su donner à son maître regretté une aussi grande preuve de son amitié dévouée.

ÉMILE MERMET.

LE TEMPS.

... Ce livre est écrit par un des hommes qui connaissaient le mieux la personnalité intime de Jules Janin. Il offre donc un très-réel intérêt par son imprévu anecdotique et l'attrait de ses révélations littéraires.

MÉMORIAL DIPLOMATIQUE.

... Cet ouvrage pourrait fournir un modèle de biographie, tant par la forme qui est ciselée avec amour, que par le fond qui présente aux lecteurs un portrait frappant de vérité.

ÉDOUARD CONSTANT.

MESSAGER DE TOULOUSE.

... Il restera toujours un rayon sur le nom de Jules Janin... a dit Paul de Saint-Victor. Ajoutons que ce rayon vient d'être définitivement fixé par M. Piedagnel. Nulle ombre ne l'obscurcira. L'hommage du disciple est digne du maître. Il fait revivre l'ami défunt en un style que le traducteur d'*Horace* eût été heureux d'applaudir. M. Piedagnel a écrit son livre avec l'esprit de son cœur, *Mente cordis sui.*

FIRMIN BOISSIN,
rédacteur en chef.

Parmi les revues et journaux qui ont loué l'ouvrage, il faut mentionner surtout (en outre de ceux déjà cités) :

Le *Figaro* (M. Francis Magnard)[1], la *Liberté*, le *Bien public* (M. Louis Ulbach), le *Gaulois* (M. Édouard Moriac), le

---

1. Le *Figaro,* et beaucoup d'autres journaux, ont fait à plusieurs reprises des emprunts au livre de M. Piedagnel, en accompagnant ces citations de notes excellentes.

Constitutionnel, l'*Indépendance belge* (M. Jules Claretie), l'*Artiste* (M. Arsène Houssaye), la *Revue de France*, l'*Illustration* (M. Philibert Audebrand), le *Courrier de France*, l'*Univers illustré*, le *Soleil*, la *Vie parisienne* (M. Marcelin), le *XIX*ᵉ *siècle*, le *Petit Journal*, le *Polybiblion*, le **Petit Moniteur**, la *Chronique illustrée* (**M. E.** Montrosier), le *Messager de Paris*, l'*Entr'acte*, les **Tablettes des Deux-Charentes**, le *Mémorial de la Loire*, le *Progrès de la Côte-d'Or*, la **Sarthe**, l'*Écho de la Haute-Marne*, la *Vigie de Cherbourg*, la *Mayenne*, etc.

EXTRAITS DE LETTRES

Plusieurs écrivains justement renommés ayant adressé à M. Piedagnel des félicitations chaleureuses, nous ferons, en terminant, quelques emprunts à trois de ces ravissantes lettres.

Voici, d'abord, l'opinion d'un éminent académicien, M. Sylvestre de Sacy, conservateur de la bibliothèque Mazarine, qui était, depuis longues années, intimement lié avec le « Prince des critiques », et dont les appréciations possèdent une valeur incontestée :

... Votre livre sur notre cher Jules Janin m'a touché jusqu'au fond de l'âme... C'est un portrait vivant ; Janin y respire tout entier !

Je ne veux et ne puis rien ajouter a cet éloge que mes remercîments les plus vifs, et l'expression d'une reconnaissance qui sera partagée par tous les amis de celui dont vous avez parlé avec tant de bonne et sincere eloquence.

S. DE SACY.

Presque en même temps (décembre 18,4), le célèbre traducteur de Juvénal et de Shakespeare, l'auteur du *Testament de César*, formulait ainsi son impression :

... Je viens d'achever la lecture de votre charmant petit volume, si touchant a la fois et si poetique, tout rempli d'émotion, d'enthousiasme sincere et de profonde douleur !

Moi qui croyais si bien connaître notre excellent et cher Jules Janin, ce brave cœur, cet aimable et charmant esprit, il me semble qu'après vous avoir lu, je le connais mieux encore; et plus on le connaît, plus on l'aime!

Jules Lacroix.

Un dernier extrait :

... Votre livre est un chef-d'œuvre de tact biographique et de délicatesse amicale. Il nous rend Jules Janin tel que nous l'avons connu et aimé, et tel que la postérité le consacrera.

Joséphin Soulary.

Paris. — Imp. Deurbergue, boulevard de Vaugirard, 113.

9 782014 025316